Psicopedagogia e teoria da epistemologia convergente

novas contribuições

Psicopedagogia e teoria da epistemologia convergente
novas contribuições

Loriane de Fátima Ferreira

Rua Clara Vendramin, 58 . Mossunguê
CEP 81200-170 . Curitiba . PR . Brasil
Fone: (41) 2106-4170
www.intersaberes.com
editora@intersaberes.com

Conselho editorial
Dr. Alexandre Coutinho Pagliarini
Drª Elena Godoy
Dr. Neri dos Santos
Dr. Ulf Gregor Baranow

Editora-chefe
Lindsay Azambuja

Gerente editorial
Ariadne Nunes Wenger

Assistente editorial
Daniela Viroli Pereira Pinto

Preparação de originais
Rodapé Revisões

Edição de texto
Gustavo Piratello de Castro
Caroline Rabelo Gomes

Capa e projeto gráfico
Iná Trigo (*design*)
agsandrew/Shutterstock
(imagem da capa)

Diagramação
Estúdio Nótua

Equipe de *design*
Mayra Yoshizawa
Iná Trigo

Iconografia
Celia Kikue Suzuki
Regina Claudia Cruz Prestes

Dados Internacionais de Catalogação na Publicação (CIP)
(Câmara Brasileira do Livro, SP, Brasil)

Ferreira, Loriane de Fátima
  Psicopedagogia e teoria da epistemologia convergente: novas contribuições/ Loriane de Fátima Ferreira. Curitiba: InterSaberes, 2020. (Série Panoramas da Psicopedagogia)

  Bibliografia.
  ISBN 978-65-5517-611-7

  1. Psicologia da aprendizagem 2. Psicologia educacional 3. Psicopedagogia I. Título. II. Série.

20-35985   CDD-370.15

Índices para catálogo sistemático:
1. Psicopedagogia: Educação 370.15

Cibele Maria Dias – Bibliotecária – CRB-8/9427

1ª edição, 2020.

Foi feito o depósito legal.

Informamos que é de inteira responsabilidade da autora a emissão de conceitos.

Nenhuma parte desta publicação poderá ser reproduzida por qualquer meio ou forma sem a prévia autorização da Editora InterSaberes.

A violação dos direitos autorais é crime estabelecido na Lei n. 9.610/1998 e punido pelo art. 184 do Código Penal.

Sumário

Agradecimentos, 11
Prefácio, 15
Apresentação, 19
Como aproveitar ao máximo este livro, 25
Introdução, 31

Capítulo 1   Aprendizagem e psicopedagogia na teoria da epistemologia convergente, 34
    1.1 Conceituação de *epistemologia convergente* em psicopedagogia, 36
    1.2 Marco teórico da epistemologia convergente em psicopedagogia, 40
    1.3 Objeto de estudo da epistemologia convergente, 43
    1.4 Toda aprendizagem é uma conduta, mas nem toda conduta é uma aprendizagem, 45
    1.5 Esquema evolutivo da aprendizagem, 56

Capítulo 2   Epistemologia convergente e suas vertentes teóricas, 70
    2.1 Psicogenética no trabalho da epistemologia convergente, 72
    2.2 Teoria psicanalítica e epistemologia convergente, 84
    2.3 Psicologia social e a teoria da epistemologia convergente, 99
    2.4 Técnica de grupos operativos na teoria da epistemologia convergente, 106

Capítulo 3   Concepções de aprendizagem e a epistemologia convergente, 124
3.1 Aprendizagem e processo de aprender, 125
3.2 Aspectos da construção da aprendizagem na teoria da epistemologia convergente, 130
3.3 Aprendizagem como momento de construção, 134
3.4 Problema da aprendizagem sob a ótica da epistemologia convergente, 142
3.5 Obstáculos: epistêmico, epistemofílico e funcional, 146

Capítulo 4   Atuação psicopedagógica segundo o modelo da epistemologia convergente, 164
4.1 Enquadramento psicopedagógico, 166
4.2 A matriz do pensamento diagnóstico (avaliação psicopedagógica), 175
4.3 Intervenções psicopedagógicas (subjetivas e objetivas), 197

Capítulo 5   Psicopedagogia no contexto escolar, 214
5.1 Assessoramento psicopedagógico, 215
5.2 Psicopedagogia na prevenção das dificuldades de aprendizagem, 218
5.3 Processo terapêutico e/ou processo preventivo?, 221
5.4 Psicopedagogia no âmbito da instituição escolar, 223
5.5 Ensino e aprendizagem na escola por meio da técnica de grupos operativos, 227

Capítulo 6 Psicopedagogia: novas contribuições, 246
6.1 Psicopedagogia e teoria modular, 247
6.2 Tecnologia, afetividade e aprendizagem na sociedade da informação, 256
6.3 Sentido do aprender na sociedade do século XXI, 262
6.4 Escuta e olhar psicopedagógicos: ferramentas no processo de comunicação entre escola e comunidades, 267
6.5 Epistemologia convergente e novos desafios para a educação no século XXI, 270

Considerações finais, 289
Referências, 293
Bibliografia comentada, 303
Respostas, 311
Sobre a autora, 315

Às pessoas que eu amo e àquelas que eu ainda não aprendi a amar.

Agradecimentos

Agradeço ao Criador pela possibilidade de construir uma história de vida neste espaço-tempo.

Agradeço aos meus pais, Ary e Ana, por aceitarem minha vinda à vida e permitirem a construção da minha história pessoal, o meu Ecro.

Agradeço aos meus eternos companheiros da jornada existencial: meus filhos, Arthur, Vitor e Raul, que me possibilitam muitas aprendizagens a cada dia.

Agradeço ao Beto por seu amor, sua compreensão e seu companheirismo.

Agradeço à minha querida irmã Melissa Ferreira pelas leituras, correções e ideias para deixar o texto deste livro mais claro e fiel àquilo em que acredito e vivo profissionalmente.

Agradeço à psicopedagoga Simoni França pelo conteúdo bibliográfico disponibilizado e por prefaciar esta obra.

Agradeço aos meus mestres, alunos, clientes e familiares, com profundo sentimento de reconhecimento pela vida e pelas oportunidades de aprendizagem que me proporcionaram.

E agradeço especialmente ao professor Jorge Visca (*in memoriam*), pois, embora não tenha sido sua aluna no Centro de Estudos Psicopedagógicos de Curitiba, tive a oportunidade de conhecê-lo pessoalmente e a satisfação de assistir a algumas de suas palestras, que colaboraram para tornar os conceitos da teoria da epistemologia convergente indispensáveis para mim e para os que comigo compartilham o dom da vida.

Quem não compreende um olhar tampouco compreenderá uma longa explicação.

Mário Quintana

Prefácio

É com imenso carinho que prefacio esta obra, na qual Loriane de Fátima Ferreira demonstra, como você verá, profundo conhecimento sobre a teoria da epistemologia convergente, tendo utilizado, para isso, as referências dos mestres Jorge Visca, Enrique Pichon-Rivière, José Bleger, Jean Piaget e Sigmund Freud.

Na construção dos capítulos, a autora desenvolve os conceitos teórico-práticos de três escolas – a epistemologia genética, a psicanálise, e a psicologia social – e faz a convergência entre elas, resgatando, portanto, no modelo da epistemologia convergente, a base da psicopedagogia e mostrando o objeto de estudo dessa ciência, as estruturas cognitivas e a conduta do sujeito, os processos de vinculação com o objeto e o esquema evolutivo da aprendizagem, que são os alicerces da teoria.

Loriane descreve, já na "Apresentação", com o suporte de seu esquema conceitual, referencial e operativo (Ecro) – conceito brevemente descrito no decorrer da obra –, suas experiências e seus aprendizados integrados com a teoria abordada. Ela faz isso em consequência do entendimento de que "a aprendizagem é uma construção mental que se amplia a cada interação do sujeito com o meio", como ela própria argumenta, citando Jorge Visca[1].

• • • • •
1 Veja a Seção 1.1.

A autora traz à obra os ensinamentos piagetianos que contribuem para o entendimento dos esquemas da construção mental. Além disso, aprofunda o estudo, ao dedicar um tópico a José Bleger, autor da teoria da psicologia da conduta, e explica de forma clara por que "toda aprendizagem é uma conduta, mas nem toda conduta é uma aprendizagem"[2]. A autora discute também o pensamento de Pichon-Rivière, ofertando-nos o entendimento sobre a teoria do vínculo e a técnica de grupos operativos, não sem antes demonstrar os mecanismos defensivos estudados por Bleger, para uma melhor compreensão dos obstáculos afetivos apresentados pelo aprendiz.

A autora também nos presenteia, no fim do livro, com um modelo de intervenção psicopedagógica com base em uma história real, que faz diferença para uma adolescente, mostrando que a intervenção bem embasada pode mudar a percepção de um aprendiz, ampliando seu horizonte para um desenvolvimento de sucesso. Com cuidado e dedicação, a autora não perde a essência da teoria e ousa falar de uma convergência com a psicologia transpessoal, levando o leitor a uma profunda reflexão.

O conteúdo deste livro me fez recordar as aulas que tive com o professor Visca em 1999. Conheci, vivenciei e coloquei em prática seus ensinamentos e acredito que os aprendizes e os amantes da mencionada teoria irão, durante a apreensão do tema aqui trabalhado, com o suporte de uma leitura acessível, perceber a importância da psicopedagogia para essa corrente teórica.

• • • • •
2 Título da Seção 1.4.

Revivi, então, as aulas de Visca e tudo o que ele desenvolveu a respeito da teoria do vínculo: é um grande diferencial compreender que uma conduta auxilia a realização de uma intervenção psicopedagógica adequada. Muitas vezes, nós, como aprendizes, necessitamos de um modelo para melhor aprender uma teoria, tal como Loriane demonstra quando nos leva a exercitar o olhar psicopedagógico pela análise do filme *O sorriso de Mona Lisa*, facilitando nossa aprendizagem sobre a teoria de grupo operativo.

Vejo neste livro as aulas do mestre como uma espiral: o assunto levará o leitor a passar pelos ciclos do processo dialético da aprendizagem, indo da indiscriminação para a integração com o saber. Por isso, desejo que você desfrute da leitura desta obra fascinante com atenção e afetividade, uma vez que ela será um diferencial em sua práxis psicopedagógica.

Simoni Camargo de França Ferreira
Pedagoga e psicopedagoga
Curitiba, 2020

Apresentação

Antes de falar mais sobre os objetivos e a temática central do livro, gostaria de expor minha trajetória como autora, sujeito da aprendizagem. Minha carreira na área da educação vem se construindo desde muito cedo – bem antes de minha escolha profissional, quando, ainda menina, como aprendiz, tive dificuldade para ser alfabetizada. Mais tarde, ajudava meus colegas que, segundo a professora de Matemática, não aprendiam direito – de acordo com ela, eu tinha "jeito para ensinar". Lembro-me de quando ela dividia a sala em grupos e me colocava como sua auxiliar.

Superada a dificuldade com a alfabetização – graças a minha adorável professora Porcina –, lembro-me de, ainda como aluna, ser um tanto "caxias", ou seja, estudiosa. Quando me perguntavam o que eu seria quando crescesse, logo respondia: "Professora!".

Motivada por essas experiências, resolvi cursar magistério, época em que fiz uma placa na superfície da qual escrevi "Aulas particulares" e insisti para que meu pai a colocasse em frente de casa. Em pouco tempo, minha casa passou a ficar cheia de crianças em busca de aulas particulares, uma vez que "estavam indo mal na escola". Eu fazia tudo o que podia para ensiná-las, mesmo sem entender muito bem os processos que facilitavam ou dificultavam sua aprendizagem.

Um ano antes de me formar normalista, trabalhei em uma pré-escola (hoje educação infantil) como professora regente. Logo que terminei o magistério, comecei a cursar

Pedagogia na Pontifícia Universidade Católica do Paraná (PUCPR) e a fazer os estudos adicionais na área da deficiência da audiocomunicação no Instituto de Educação do Paraná. Nessa mesma época, iniciei minha carreira profissional no Colégio Martinus de Curitiba, onde lecionei para a 3ª série (atual 4º ano do ensino fundamental – anos iniciais). No final daquele mesmo ano, 1987, fui aprovada no concurso da rede estadual de ensino e, no ano seguinte, designada para atuar como professora de alfabetização em uma escola rural de Quatro Barras, na região metropolitana da capital do Paraná. Pelos desafios de, ainda muito jovem, trabalhar sem uma orientação pedagógica em uma escola que não dispunha de pedagogo e enfrentava carência de recursos materiais, considero essa uma das experiências mais ricas da minha vida, tanto no campo profissional quanto no pessoal.

Depois de formada, fui morar em Foz do Iguaçu, onde trabalhei por um curto período como professora na Associação de Pais e Amigos de Surdos de Foz do Iguaçu (Apasfi). No ano subsequente, mudei-me para São José dos Pinhais (PR), onde resido até hoje, tendo voltado a atuar no ensino regular como professora em classe do 1º ao 4º ano do ensino fundamental – anos iniciais.

Em 1991, prestei novo concurso para a rede estadual de ensino, dessa vez na área da orientação educacional. Foram tempos em que eu dividia a função de orientadora na escola com o manuseio de fraldas e mamadeiras e ajuda com tarefa escolar – enfim, cuidados com uma família recém-formada.

Seis anos mais tarde, quando meus três filhos já não dependiam tanto de mim, voltei a estudar. Fiz especialização em magistério de 1º grau e de 2º grau – respectivamente, ensino fundamental (anos iniciais e finais) e ensino médio – nas Faculdades Integradas Espírita do Paraná. Estudei profundamente a questão da indisciplina na escola, pois era uma situação que enfrentava em meu dia a dia como orientadora educacional. Animada e motivada com a retomada dos estudos, em 1998, especializei-me também em Psicopedagogia pela PUCPR e, desde então, venho me dedicando especialmente a essa área.

Foi no curso de Psicopedagogia que conheci a proposta teórica do professor Jorge Visca e passei a compreender as razões pelas quais algumas pessoas apresentam dificuldades de aprendizagem. Infelizmente, meus contatos com o professor Visca foram poucos – tendo ocorrido por meio de cursos e encontros esporádicos –, porém suficientes para despertar o interesse pelo estudo da psicopedagogia na teoria da epistemologia convergente, escolhendo-a como linha de atuação profissional no trabalho clínico.

Gosto de ressaltar que já atuei em todos os níveis de escolaridade, desde a educação infantil até a pós-graduação. Na educação infantil, além de professora, atuei como coordenadora pedagógica da creche de uma empresa de cosméticos em São José dos Pinhais. Nessa experiência, pude vivenciar os primeiros estágios do desenvolvimento infantil propostos por Piaget. Já nos ensinos fundamental e médio, minha atuação foi ora na construção da aprendizagem sistemática de crianças com idade entre sete e dez anos, como professora regente, ora auxiliando adolescentes na travessia dos momentos de conflito e de solidão – necessários para o cumprimento dos rituais de passagem para uma nova fase da vida –, agindo como orientadora educacional. Sem dúvida alguma, foram experiências importantes para aprender a compreender o outro.

Paralelamente ao trabalho em consultório como psicopedagoga clínica, atuei como coordenadora do curso de pós-graduação em Psicopedagogia da Faculdade Metropolitana de Curitiba (Famec), também em São José dos Pinhais.

O mestrado foi mais um objetivo alcançado. Com ele, descobri o gosto e o prazer pela pesquisa. Também participei de congressos e de cursos que fortaleceram as minhas aprendizagens.

De 2014 a 2016, presidi a Associação Brasileira de Psicopedagogia seção Paraná (ABPp-PR), tarefa que me oportunizou ampliar a discussão sobre a psicopedagogia. Optei por implantar uma gestão aberta, que deu espaço ao estudo das várias linhas teóricas da psicopedagogia, colaborando para o entendimento dessa ciência que está em constante processo de reflexão.

Uma vez que parar de aprender é impossível para o ser humano, segui em busca de novos conhecimentos e de sentido para tudo aquilo que elaborara durante a minha existência. Entre eles, estão estudos que comtemplam questões da transcendência, da dimensão espiritual e do mistério da existência humana. Encontrei em Viktor Frankl algumas respostas que me levaram a estudar a psicologia transpessoal. Esse caminho, que venho percorrendo desde 2016, permeado pelo cuidado e pela ética, integra, aos poucos, meu trabalho como psicopedagoga clínica.

Este livro, portanto, vem celebrar 21 anos de minha atuação como psicopedagoga no âmbito clínico, e tem como objetivo maior apresentar a psicopedagogia pelo modelo da epistemologia convergente nos mais variados contextos geográficos do Brasil.

Dessa forma, no Capítulo 1, você compreenderá a aprendizagem sob a ótica da teoria da epistemologia convergente. A proposta é construir em conjunto conhecimentos que parte da conceituação da aprendizagem, auxiliando a percepção de que toda aprendizagem é uma conduta, mas nem toda conduta é uma aprendizagem. Também serão abordados os níveis de organização da aprendizagem propostos pelo criador da teoria, o professor Jorge Visca, concebidos com base em um esquema evolutivo. Para isso, os pensamentos de Visca serão apresentados por meio de extensa base bibliográfica.

No Capítulo 2, serão discutidas, de maneira breve, cada uma das teorias mencionadas no capítulo anterior, de modo a evidenciar seus principais conceitos e elaborar a relação possível entre elas e a epistemologia convergente.

No Capítulo 3, serão demonstradas as concepções de aprendizagem, em especial na linha da epistemologia convergente, situando a questão da dificuldade de aprendizagem, ou seja, os obstáculos que podem se originar nesse processo.

A atuação da psicopedagogia no modelo da clínica psicopedagógica com base na epistemologia convergente será tratada no Capítulo 4, de forma a mostrar elementos da experiência prática em consultório, mantendo as orientações teóricas de Visca.

A ação da psicopedagogia no contexto escolar, uma vez que as práticas psicopedagógicas, com o passar do tempo e com a credibilidade a elas conferidas, com base em uma demanda da sociedade, foram se estendendo para além dos consultórios e das clínicas, o que possibilitou o trânsito delas em grupos e em instituições escolares, hospitalares e empresariais. As abordagens e as análises da psicopedagogia como área de estudo avançaram e desenvolveram importantes trabalhos que ultrapassaram o caráter terapêutico, chegando às instâncias da prevenção, questões que serão debatidas no Capítulo 5.

Finalmente, no Capítulo 6, o foco será a reflexão sobre o papel da psicopedagogia no século XXI, mostrando que ela e as ideias de pensadores e de cientistas que analisam o universo convergem para um mesmo sentido, professando um novo tempo – o da psicopedagogia que se envolve com temas que contemplam a existência do ser humano, a sua humanização e a manutenção do ecossistema.

Escrever este livro foi um desafio prazeroso, uma vez que, em razão de meu medo do novo e em virtude das exigências contextuais, eu evitava realizar essa tarefa que, muitas vezes, foi-me solicitada por instituições de ensino a distância (EaD).

Foram pelo menos quatro anos de reflexões e contrapontos a respeito de escrever uma obra destinada a um curso de graduação em Psicopedagogia a distância até que, ao compreender a extensão geográfica que este livro poderia atingir e a ajuda que ele poderia proporcionar a muitas crianças, jovens e adultos em seus processos de aprendizagem, eu resolvesse aceitar o convite de escrevê-lo.

Boa leitura!

Como aproveitar ao máximo este livro

Empregamos nesta obra recursos que visam enriquecer seu aprendizado, facilitar a compreensão dos conteúdos e tornar a leitura mais dinâmica. Conheça a seguir cada uma dessas ferramentas e saiba como elas estão distribuídas no decorrer deste livro para bem aproveitá-las.

Introdução do capítulo

Logo na abertura do capítulo, informamos os temas de estudo e os objetivos de aprendizagem que serão nele abrangidos, fazendo considerações preliminares sobre as temáticas em foco.

Curiosidade

Nestes boxes, apresentamos informações complementares e interessantes relacionadas aos assuntos expostos no capítulo.

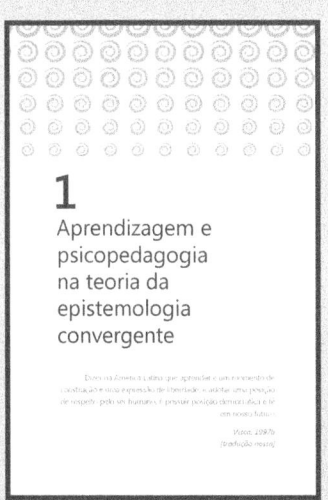

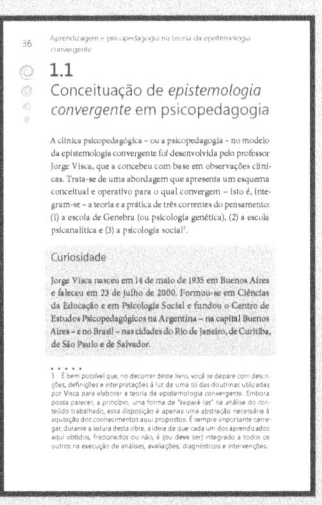

Importante!

Algumas das informações centrais para a compreensão da obra aparecem nesta seção. Aproveite para refletir sobre os conteúdos apresentados.

Para refletir

Aqui propomos reflexões dirigidas com base na leitura de excertos de obras dos principais autores comentados neste livro.

Epistemologia convergente e suas vertentes teóricas 91

Até aqui, traçamos um panorama dos principais conceitos da psicanálise sobre a estrutura e o funcionamento do aparelho psíquico, os quais merecem ser discutidos e pensados, uma vez que, quanto mais claros tivermos sobre eles, melhor será nossa compreensão sobre a teoria da epistemologia convergente.

Defesa

Um aspecto importante no trabalho psicopedagógico dentro da epistemologia convergente, nesse contexto, é conhecer os mecanismos utilizados pelo ser humano para inibir ou aliviar as tensões ou ansiedades provocadas pelo desprazer que um acontecimento pode trazer, os quais são denominados *mecanismos de defesa*.

Importante!
Mecanismos de defesa são estratégias que o ego utiliza para defender-se da ansiedade provocada pelos conflitos da vida cotidiana. Esses processos ocorrem de maneira inconsciente, ou seja, independentemente da vontade da pessoa.

Bleger (1984, p. 136) explica que, para Freud, esses mecanismos de defesa originam-se "dos instintos, da consciência moral (superego) ou da realidade exterior". Porém, Bleger (1984) entende que o conceito estudado por Freud e pela escola psicanalítica pode ser compreendido como *condutas defensivas*. Para ele, as condutas defensivas são "técnicas" que a personalidade utiliza para desenvolver-se e ajustar-se.

---

56 Aprendizagem e psicopedagogia na teoria da epistemologia convergente

1.5 Esquema evolutivo da aprendizagem

Há um conjunto de etapas que procuram explicar o processo de aprendizagem desde o nascimento até a morte. Podemos compreender, com base nisso, que a aprendizagem é um processo evolutivo que atinge sucessivos níveis de organização. Esse modelo encontra na psicogenética a ideia de que não se pode aprender além do que a estrutura cognitiva permite, apoia-se na psicanálise para considerar o papel da afetividade no processo do aprender e recupera da psicologia social a influência dos meios social e cultural em que um sujeito vive e estabelece seus vínculos.

Para refletir
Sujeitos de um mesmo meio cultural, com níveis cognitivos no mesmo patamar e diferentes investimentos afetivos, aprenderão de maneiras iguais?

Visca (1994), ao desenvolver suas ideias sobre a aprendizagem, acredita que há uma sequência de etapas pelas quais todo ser humano passa ao longo da vida e que assim, consequentemente, se estabelece seu processo de construção da aprendizagem. A essa sucessão de etapas ele denominou **esquema evolutivo da aprendizagem**, conceito cuja elaboração foi possível com base na noção de que toda aprendizagem

Exemplificando

Disponibilizamos, nesta seção, exemplos para ilustrar conceitos e operações descritos ao longo do capítulo a fim de demonstrar como as noções de análise podem ser aplicadas.

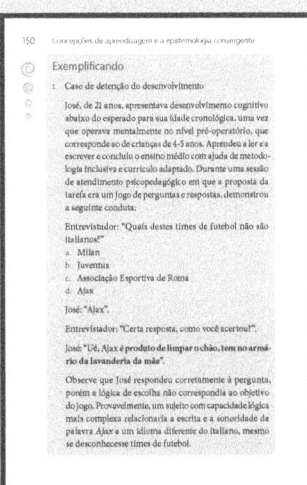

Estudo de caso

Nesta seção, relatamos situações reais ou fictícias que articulam a perspectiva teórica e o contexto prático da área de conhecimento ou do campo profissional em foco com o propósito de levá-lo a analisar tais problemáticas e a buscar soluções.

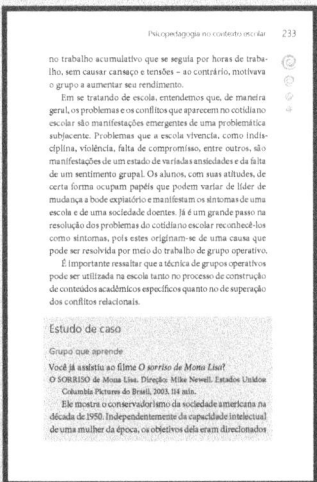

Síntese

Ao final de cada capítulo, relacionamos as principais informações nele abordadas a fim de que você avalie as conclusões a que chegou, confirmando-as ou redefinindo-as.

Indicações culturais

Para ampliar seu repertório, indicamos conteúdos de diferentes naturezas que ensejam a reflexão sobre os assuntos estudados e contribuem para seu processo de aprendizagem.

Atividades de autoavaliação

Apresentamos estas questões objetivas para que você verifique o grau de assimilação dos conceitos examinados, motivando-se a progredir em seus estudos.

Atividades de aprendizagem

Aqui apresentamos questões que aproximam conhecimentos teóricos e práticos a fim de que você analise criticamente determinado assunto.

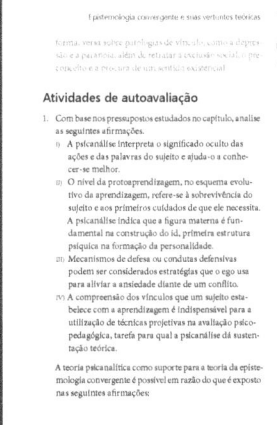

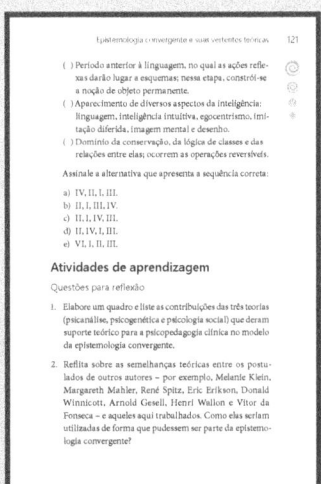

Bibliografia comentada

Nesta seção, comentamos algumas obras de referência para o estudo dos temas examinados ao longo do livro.

Bibliografia comentada

ANTUNES, C.; GARROUX, D. Pedagogia do cuidado: um modelo de educação social. Petrópolis: Vozes, 2008.

Esse livro mostra a realidade difícil de uma comunidade de um bairro pobre de São Paulo, onde a organização não governamental (ONG) Casa do Zezinho está localizada. A obra foi um admirável trabalho de resgate e no base em um olhar especialmente amoroso e desafiador de mudança, apresentando relatos reais do dia a dia de crianças, adolescentes e jovens que vivenciam a prostituição, a violência, as drogas e a morte, mas, por outro lado, têm a possibilidade de receber educação e de ter esperança no amanhã que a ONG pode oferecer a eles.

AXLINE, V. M. Dibs em busca de si mesmo. São Paulo; Rio de Janeiro: Agir, 1991. (Círculo do livro, São Paulo).

A obra relata um trabalho terapêutico da psicanalista Virgínia Axline e seu paciente Dibs, uma criança que vivia escondida em seu próprio mundo e, por isso, era rejeitada pelos colegas da escola e pelos próprios pais. Por meio da sessões de ludoterapia, Axline conheceu as tragédias e as potencialidades do garoto. O texto ajuda a nos aproximarmos de algumas fases da psica edina e do processo de escuta.

BARNETT, K. Brilhante: a inspiradora história de uma mãe e seu filho gênio e autista. Rio de Janeiro: Zahar, 2013.

Esse livro conta a história de Jake Barnett, diagnosticado como autista. Trata-se de um relato de Kristine Barnett, sua mãe, que outra

Introdução

A psicopedagogia fundamenta-se em diferentes campos teóricos, razão pela qual não é uma simples "união" da pedagogia com a psicologia, definição erroneamente difundida. Entendemos que o objeto de estudo da pedagogia é o processo do ensino, o ato de ensinar (métodos e didáticas), e não necessariamente o ato de aprender. Por sua vez, o objeto de estudo da psicologia é a subjetividade, as emoções e os comportamentos humanos.

Portanto, a psicopedagogia tem como objeto de estudo o processo da aprendizagem humana, a fim de procurar entender como uma pessoa aprende. O campo teórico e de atuação da área abrange os setores da saúde e da educação e, por isso, aporta-se teoricamente na pedagogia, na psicologia, na biologia e na filosofia, contexto em razão do qual são consideradas todas as relações que um sujeito estabelece com o meio em que vive. Nesse sentido, o sujeito, a família, a escola, a sociedade e o contexto histórico são importantes conteúdos a serem contemplados em pesquisas e em intervenções.

A psicopedagogia nos ensina a perceber que não são apenas os indivíduos que aprendem, uma vez que também os grupos, as instituições, as comunidades e as culturas vivem em constante processo de aprendizagem. Por meio do estudo dos processos de aprendizagem, então, a psicopedagogia visa compreender como se constrói a aquisição de saberes, estabelecer vínculos positivos com o ato de aprender[1] e também, na ação terapêutica, restabelecer o desejo e o prazer de aprender.

Contudo, quando assume o enfoque terapêutico, a ação psicopedagógica fundamenta-se na análise e na compreensão dos obstáculos que interferem no processo da aprendizagem. Esses obstáculos, muitas vezes, são denominados *dificuldades de aprendizagem*. E é por meio de uma avaliação psicopedagógica que é identificado, analisado e elaborado um estudo com métodos e instrumentos avaliativos próprios que buscam revelar o porquê desses problemas. Esse processo avaliativo, além de compreender o que impede a aprendizagem, também propõe ações que ajudam um sujeito a superar as dificuldades de aprender.

A psicopedagogia traz, em essência, um caráter interdisciplinar e transdisciplinar, razão pela qual todas as áreas da ciência são bem-vindas para assegurar processos de aprendizagem saudáveis, capazes de desenvolver estratégias que favoreçam o aprender nas mais variadas situações, individualmente ou em grupo. Portanto, a psicopedagogia, pelo seu aspecto plural, oferece modelos de ação desenvolvidos por mais de um autor.

Mais especificamente, a psicopedagogia com base no modelo da epistemologia convergente foi criada na década de 1970 pelo professor argentino Jorge Visca, que veio ao Brasil

---

1 Torna-se necessário aqui precisar o sentido e a escolha entre os termos *aprender* e *conhecer*: privilegiamos *aprender* ("adquirir conhecimento") – do latim *apprehendere*, "apanhar" – por entendê-lo como uma operação anterior ao *conhecer* ("ter noção ou informação de algo, saber") – do latim *cognoscere*.

diversas vezes para ministrar cursos sobre a teoria por ele criada. Foi Visca quem trouxe a psicopedagogia para o país, propondo cursos e formando os primeiros psicopedagogos brasileiros nos Centros de Estudos Psicopedagógicos (CEPs), que ele ajudou a fundar.

A teoria da epistemologia convergente, como o próprio nome diz, é a convergência de teorias ou estudos distintos: epistemologia genética, psicanálise e psicologia social – esta última envolve o conhecimento da teoria do vínculo e da técnica de grupos operativos. Cada uma dessas teorias foi estudada por Visca, que viu nelas razões para sustentar a ideia de que a aprendizagem humana não pode ser explicada por uma única corrente psicológica ou filosófica e, assim, conseguiu reunir os conceitos das três teorias para explicar e nos ajudar a compreender o processo de aprender.

1
Aprendizagem e psicopedagogia na teoria da epistemologia convergente

> Dizer na América Latina que aprender é um momento de construção é uma expressão de liberdade, é adotar uma posição de respeito pelo ser humano, é possuir posição democrática e fé em nosso futuro.
>
> Visca, 1997b
> [tradução nossa]

Aprendizagem e psicopedagogia na teoria da epistemologia convergente

Neste capítulo, mostraremos como a aprendizagem humana é compreendida pela *teoria da epistemologia convergente*. Para isso, primeiramente, faremos uma análise sobre essa denominação e o que levou o professor Jorge Visca a cunhá-la com base na reflexão e no estudo de correntes e postulados filosóficos e psicológicos, inspiradores e motivadores, que o estimularam a construir um modelo que integra três teorias (sobre as quais falaremos de maneira mais aprofundada no próximo capítulo).

No decorrer do capítulo, mostraremos os aportes teóricos de José Bleger[1] – aluno e colaborador de Enrique José Pichon-Rivière[2] – e os estudos que ele fez sobre a psicologia da conduta, a qual muito contribuiu para a formação da teoria da epistemologia convergente, pois auxiliou a compreensão de que toda aprendizagem é uma conduta, mas nem toda conduta é uma aprendizagem. Por fim, abordaremos um dos pressupostos fundamentais da epistemologia convergente, que é o esquema evolutivo da aprendizagem proposto por Visca.

• • • • •
1   José Bleger (1922-1972), psiquiatra argentino, dedicou-se ao estudo da psicanálise sob o viés da conduta humana.

2   Enrique José Pichon-Rivière (1907-1977), um dos precursores da psicanálise na América Latina, foi médico psiquiatra e fundou a Escola de Psicologia Social na Argentina. Desenvolveu estudos sobre o tratamento da doença mental por meio de trabalho em grupo.

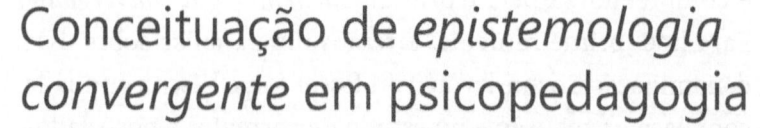

1.1 Conceituação de *epistemologia convergente* em psicopedagogia

A clínica psicopedagógica – ou a psicopedagogia – no modelo da epistemologia convergente foi desenvolvida pelo professor Jorge Visca, que a concebeu com base em observações clínicas. Trata-se de uma abordagem que apresenta um esquema conceitual e operativo para o qual convergem – isto é, integram-se – a teoria e a prática de três correntes do pensamento: (1) a escola de Genebra (ou psicologia genética), (2) a escola psicanalítica e (3) a psicologia social[3].

> **Curiosidade**
>
> Jorge Visca nasceu em 14 de maio de 1935 em Buenos Aires e faleceu em 23 de julho de 2000. Formou-se em Ciências da Educação e em Psicologia Social e fundou o Centro de Estudos Psicopedagógicos na Argentina – na capital Buenos Aires – e no Brasil – nas cidades do Rio de Janeiro, de Curitiba, de São Paulo e de Salvador.

• • • • •
3 É bem possível que, no decorrer deste livro, você se depare com descrições, definições e interpretações à luz de uma só das doutrinas utilizadas por Visca para elaborar a teoria da epistemologia convergente. Embora possa parecer, a princípio, uma forma de "separá-las" na análise do conteúdo trabalhado, essa disposição é apenas uma abstração necessária à aquisição dos conhecimentos aqui propostos. É sempre importante carregar, durante a leitura desta obra, a ideia de que cada um dos aprendizados aqui obtidos, fracionados ou não, é (ou deve ser) integrado a todos os outros na execução de análises, avaliações, diagnósticos e intervenções.

A clínica psicopedagógica que utiliza o modelo da epistemologia convergente visa compreender as dificuldades de aprendizagem e propõe uma matriz de pensamento que se inicia com o diagnóstico e vai até o processo corretor ou até as intervenções para a superação dessas dificuldades.

Antes de entendermos questões relativas ao tema, precisamos saber como o criador da epistemologia convergente conceituava a aprendizagem. Para Visca (1998), *aprendizagem* é uma construção mental que se amplia a cada interação do sujeito com o meio e deriva do nível das ações que sua estrutura cognitiva permite, levando-se em conta o momento do desenvolvimento, processo ao qual se alia um investimento emocional e afetivo. "A aprendizagem é construção intrapsíquica com continuidade genética e diferenças evolutivas resultantes das precondições energético-estruturais do sujeito e das circunstâncias do meio" (Visca, 1998, p. 22, tradução nossa).

Neste momento, você pode estar se perguntando: Por que *epistemologia convergente*? A definição de Visca (1998) sobre a aprendizagem com certeza auxilia na compreensão dessa denominação. Antes de tudo, é importante ter claras as definições de *epistemologia* e de *convergência*, como mostraremos a seguir.

Epistemologia convergente

Epistemologia, nesta obra, significa "teoria do conhecimento científico", ou seja, aquilo que determina o valor, o fundamento lógico e o campo de ação da ciência. Na geometria, por exemplo, entendem-se como linhas convergentes as linhas que seguem para uma mesma direção ou para um mesmo ponto. Outra definição nos ajuda a entender que "Convergente é um adjetivo atribuído a tudo o que segue ou se direciona para o mesmo lugar. A palavra vem do verbo convergir, que significa **encaminhar-se para um mesmo ponto comum a outro**, ou seja, os pontos concorrem, afluem e convergem para um mesmo local" (Significado de convergente..., 2020, grifo do original).

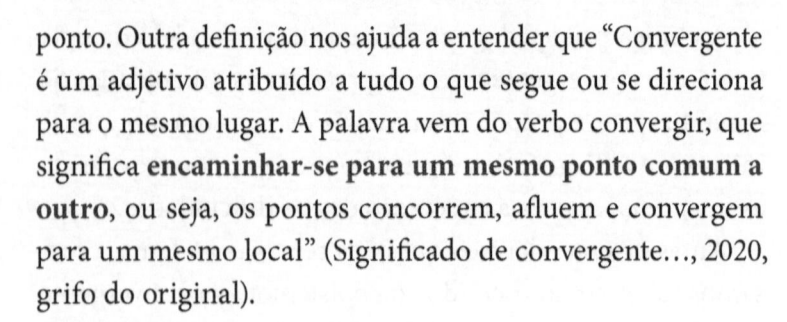

Figura 1.1 – Linhas convergentes

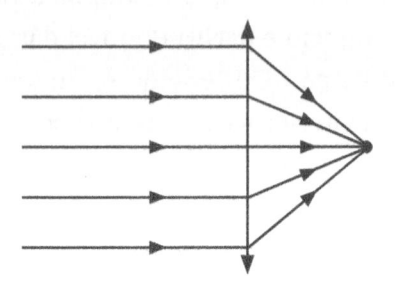

Fonte: Significado de convergente..., 2020.

O *Dicionário Aurélio*, por sua vez, define *convergência* como "ponto ou grau em que linhas, raios luminosos, objetos [...] convergem" (Ferreira, 1988, p. 176).

Então, com base na ideia de que seria possível que três teorias distintas, ao integrarem-se, explicassem o fenômeno da aprendizagem humana, Jorge Visca fundamentou a **teoria da epistemologia convergente**.

E quais foram as teorias que deram suporte para a elaboração dos conceitos de Visca? São elas: a **epistemologia genética**, criada por Jean Piaget; a **teoria psicanalítica** (psicanálise), desenvolvida por Sigmund Freud; e a **psicologia social**, pautada nos estudos de Enrique Pichon-Rivière. Visca buscou integrar (fazer convergir) essas três teorias – ou esses três campos teóricos – para dar sustentação a seu trabalho científico. Seu objetivo era compreender a aprendizagem nos estados normais e patológicos.

Para Visca e Visca (1999), há íntima vinculação entre afetividade, cognição e socialização no processo de aprendizagem, pois são fatores impossíveis de serem separados no desenvolvimento humano. Eles acontecem simultaneamente e de maneira interdependente, contudo necessitam de precondições para avançar e estabelecer modos de agir e de atuar no mundo. Aprender é um ato inerente ao ser humano, característica que lhe é essencial, pois vive o processo de aprendizagem desde o nascimento até a morte.

A epistemologia convergente na clínica psicopedagógica, portanto, integra três campos de atuação que determinam e fundamentam o pensar e o fazer psicopedagógico. Observe a estruturação dessa integração na Figura 1.2.

Figura 1.2 – Teorias que convergem na epistemologia convergente

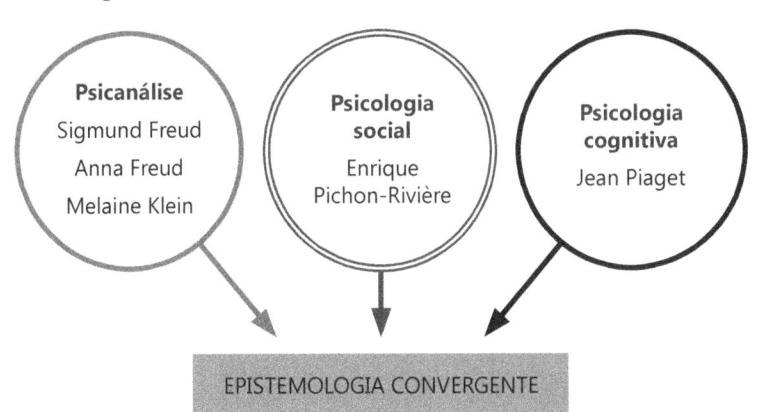

Psicanálise
Sigmund Freud
Anna Freud
Melaine Klein

Psicologia social
Enrique Pichon-Rivière

Psicologia cognitiva
Jean Piaget

EPISTEMOLOGIA CONVERGENTE

Cada uma dessas teorias influenciou e deu subsídios às reflexões de Visca sobre a aprendizagem humana e, consequentemente, sobre as dificuldades de aprendizagem, como veremos nas seções e nos capítulos seguintes.

1.2
Marco teórico da epistemologia convergente em psicopedagogia

Visca (1998) diz que a psicopedagogia pelo modelo da epistemologia convergente passou a ser implementada a partir de um momento histórico propício. Isso ocorreu quando alguns teóricos e cientistas da psicologia quebraram barreiras e permitiram que as próprias ideias e os próprios pensamentos se interpusessem entre os conhecimentos de outros autores, com intuito de refletir sobre questões que os levassem a um novo modo de pensar as próprias teorias, analisando descrições que poderiam ser inadequadas e valorizando certas correntes do pensamento. Esse novo posicionamento científico possibilitou a integração de correntes teóricas, embora se tenha preservado o rigor científico às especificidades em cada uma.

> O período da epistemologia convergente começou quando alguns cientistas da área de Psicologia abandonaram as próprias trincheiras e penetraram em novos conhecimentos, advindos de outros colegas de profissão, o que resultou na

conscientização sobre a relatividade e a insuficiência das descrições e explicações das diferentes correntes de pensamento e gerou um movimento de integração entre vários grupos, cada um dos quais entendia essa aproximação de forma distinta. (Visca, 1998, p. 60, tradução nossa)

Diante desse movimento científico, os estudos desenvolvidos por Visca o levaram a conhecer pesquisadores que lhe deram a oportunidade de fazer convergir três correntes psicológicas para compreender o processo da aprendizagem humana e, por sua vez, as patologias relacionadas a esse processo. Foi assim que o professor construiu sua própria teoria: a da epistemologia convergente.

Em Piaget, Visca (1998, p. 61) encontrou a possibilidade de fazer convergir o "inconsciente afetivo e o inconsciente cognoscitivo", ou seja, a afetividade e a cognição. Os constructos da teoria de Piaget contemplaram a afetividade no processo do desenvolvimento humano dentro de uma epistemologia cognitivista. Como reforço dessa afirmação, encontramos em Piaget (1984) um estudo dirigido ao tema no qual o autor nos alerta que, a partir do período pré-verbal, o desenvolvimento da afetividade incide diretamente no desenvolvimento da inteligência, por serem ambos os aspectos inseparáveis e indissociáveis desde as primeiras ações do ser humano.

> Nunca há ação puramente intelectual (sentimentos múltiplos intervêm, por exemplo: na solução de um problema matemático, interesses, valores, impressão de harmonia etc.), assim como também não há atos que sejam puramente afetivos (o amor supõe compreensão). Sempre e em todo lugar, nas

> condutas relacionadas tanto a objetos como a pessoas, os dois elementos intervêm, porque se implicam um ao outro. Existem apenas espíritos que se interessam mais pelas pessoas do que pelas coisas ou abstrações, enquanto que com outros se dá o inverso. Isto faz com que os primeiros pareçam mais sentimentais e os outros mais secos, mas trata-se, apenas, de condutas e sentimentos que implicam necessariamente ao mesmo tempo a inteligência e a afetividade. (Piaget, 1984, p. 38)

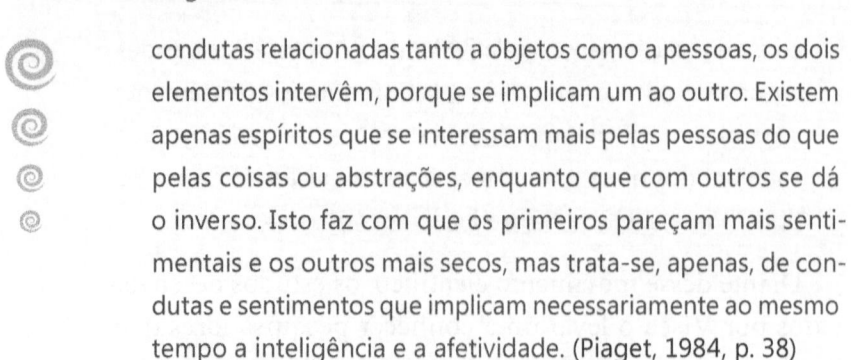

Piaget também acreditava que um dia a psicologia cognitiva e a psicanálise chegariam a conclusões gerais sobre aspectos da personalidade de um sujeito.

Visca (1998, p. 61, tradução nossa), para fortalecer as reflexões que fazia sobre o assunto, cita a memorável frase dita por Piaget: "Estou convencido de que chegará o dia em que a psicologia das funções cognoscitivas e a psicanálise estarão obrigadas a se fundir em uma teoria geral que as aperfeiçoará e as corrigirá".

De acordo com Visca (1998), Piaget encontrou também em Bleger subsídios teóricos que vieram colaborar com a teoria sobre a construção da aprendizagem. Tanto Bleger quanto Piaget discorreram sobre o conceito de conduta. Este encontrou nos estudos daquele semelhanças com as próprias convicções teóricas sobre a psicologia da conduta.

Piaget (1983, p. 16) esclarece que

> A vida afetiva e a vida cognitiva são pois inseparáveis, embora distintas. E são inseparáveis porque todo intercâmbio com o meio pressupõe ao mesmo tempo estruturação e valorização, mas nem por isso ficarão menos distintas, visto que esses dois aspectos da conduta não podem reduzir-se um ao outro.

É importante ressaltar que a construção da conduta humana, baseada nos aportes conceituais de Bleger, estrutura as descobertas desse autor da psicanálise na teoria da psicologia social, especialmente no que diz respeito à teoria do vínculo e dos grupos operativos defendida por Pichon-Rivière. Visca incorporou os conceitos desse autor, que foi seu professor, à epistemologia convergente. Pichon-Rivière, como psicanalista, dedicou-se ao estudo da psicologia social, criou a teoria do vínculo e desenvolveu a abordagem terapêutica de grupos operativos.

Visca constatou, então, que o processo de aprendizagem humana não poderia ser compreendido por apenas uma única teoria. Para ele, o aprender exigiria, ao mesmo tempo, cognição, afeto e integração social, fatores traduzidos e trabalhados respectivamente pelas três teorias centrais deste livro: (1) a epistemologia genética, (2) a psicanálise e (3) a psicologia social – as quais melhor explicam a aprendizagem na visão do autor.

1.3
Objeto de estudo da epistemologia convergente

A epistemologia convergente tem como objeto de estudo o problema da aprendizagem, para o qual estabelece metodologia e epistemologia contemporâneas, uma vez que novos tempos trazem diferentes adversidades e necessitam de diferentes modelos referenciais para que as novas realidades sejam enfrentadas. Ela busca, então, superar modelos que estabelecem os problemas de aprendizagem com causa única, integrando três teorias que podem – juntas e de maneira distinta – explicar os fenômenos relacionados à dificuldade de aprender e ao não aprender.

A teoria da epistemologia convergente apresenta, para isso, suporte teórico e metodológico coerente e fidedigno ao que se propõe: entender a aprendizagem e as dificuldades de seu processo. Os aportes teóricos sobre o desenvolvimento humano que utiliza, com base nas teorias piagetiana, psicanalítica e social, estão postulados nas correntes de pensamento interacionista, estruturalista e construtivista.

Mas por que esses postulados? Vejamos o motivo na descrição de cada um a seguir.

- **Interacionista** – Corrente de pensamento que tem por concepção a ideia de que o ser humano interage com o seu meio social, razão pela qual o conhecimento é construído pelo sujeito durante toda a sua vida.
- **Estruturalista** – Corrente de pensamento que acredita na existência de estruturas ou sistemas que pressupõem o desenvolvimento do sujeito.
- **Construtivista** – Corrente de pensamento que se pauta na ideia de que a interação entre os sujeitos e os objetos durante o processo de desenvolvimento não nasce pronta e acabada, mas ocorre por meio de um processo de construção sucessiva e gradual.

Retomando a afirmação de Visca (1998) de que a aprendizagem é um processo de construção que necessita do desenvolvimento psicológico e, nesse caso, do desejo de aprender – principalmente –, que atuam em meios social e cultural, podemos compreender por que esses três postulados filosóficos subsidiaram a teoria da epistemologia convergente. Visca (1998) contempla o interacionismo (ou teoria interacionista) quando entende que os meios social e cultural são indissociáveis do processo de aprendizagem. Já o estruturalismo (ou teoria estruturalista) reforça a ideia do desenvolvimento psicológico em bases psicanalíticas. Finalmente, o construtivismo (ou teoria construtivista) fundamenta a epistemologia genética, uma vez que acredita que a aprendizagem constrói-se sucessiva e gradualmente.

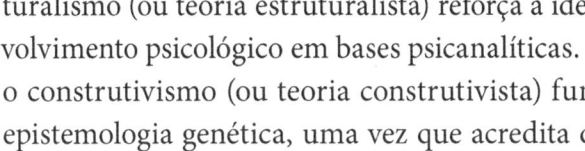

1.4
Toda aprendizagem é uma conduta, mas nem toda conduta é uma aprendizagem

Outro ponto analisado quando pensamos no conceito de aprendizagem estabelecido por Visca é a noção de *conduta*, mais precisamente a de *conduta molar* estudada por Bleger.

Para Bleger (1984, p. 25), o termo *conduta* refere-se a "todas as manifestações do ser humano, quaisquer que sejam suas características de apresentação". Nesse sentido, o autor entende que condutas são respostas fisiológicas, motoras, verbais ou mentais que o ser humano produz para equilibrar as tensões motivadas por determinadas situações. Esse autor entende **conduta molar**, então, como um aspecto da totalidade das ações do ser humano. De acordo com o autor, toda conduta humana é "sempre molar […]. Assim, o movimento de um braço é sempre conduta molar, é um cumprimento, um gesto de desprezo ou sinal de aproximação" (Bleger, 1984, p. 68)[4].

Assim, as condutas podem ser classificadas como.

1. **Conduta concreta corporal** – Caracteriza-se pela manifestação biológica corporal, por exemplo, ficar vermelho ou empalidecer diante de uma situação de tensão.
2. **Conduta concreta no mundo externo** – Caracteriza-se pela ação propriamente dita, por exemplo, colocar o corpo em movimento, correr diante de uma situação de perigo ou simplesmente ir a algum lugar.
3. **Conduta das manifestações mentais ou simbólicas** – Caracteriza-se pelo pensamento, por aquilo que não se dá em ações concretas, por exemplo, criar uma imagem mental sobre a própria formatura após concluir um curso de graduação ou imaginar como serão as próximas férias.

De acordo com Bleger (1984), Pichon-Rivière denominou esses três tipos de conduta como *áreas da conduta* e utilizou-se de três círculos para exemplificar a ideia, como mostra a Figura 1.3.

• • • • •
4   Essa posição difere do conceito de *conduta molecular*, que atribui ao comportamento humano propriedades físicas e fisiológicas, ou seja, as condutas são redutíveis e descritas na visão da fisiologia, como a secreção de uma glândula quando temos a sensação de fome.

Figura 1.3 – Áreas da conduta

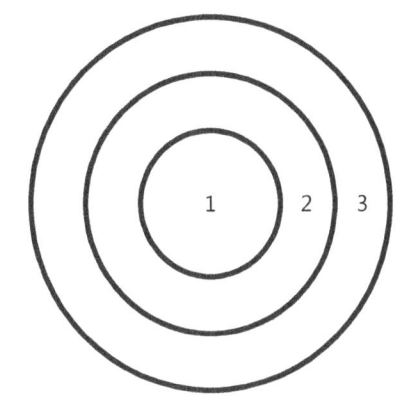

Fonte: Bleger, 1984, p. 27.

Notas:
(1) Área da mente.
(2) Área do corpo.
(3) Área do mundo externo.

É importante ressaltar, com ajuda da Figura 1.3, que as três áreas da conduta coexistem ou ocorrem em paralelo. Embora cada uma seja uma manifestação unitária total, ela não pode existir sem que seja complementada pelas outras duas. A existência das três não exclui o predomínio de algumas ou de uma delas – e é isso que indicará a que área ela pertence. Por exemplo, o ato de pensar – área da mente – não pode existir sem um corpo físico em um mundo externo.

Importante!

Para Bleger (1984 p. 68), toda conduta é uma conduta molar, de acordo com ele: "Nosso critério é que a conduta no ser humano é sempre molar, e toda atividade segmentária não

> é nunca realmente uma atividade segmentária e sim que implica sempre o ser humano, como totalidade, num contexto social".

Nesse sentido, Bleger (1984, p. 30) orienta: "a afirmação de que se acham presentes sempre as três áreas em toda manifestação de conduta corresponde ao fato de que não pode haver fenômenos afetivos sem os intelectuais e volitivos e vice-versa".

Ainda de acordo com o autor, "a conduta é sempre emergente de um campo" (Bleger, 1984, p. 37), o que quer dizer que ela ocorre em uma situação dinâmica que se reestrutura e se modifica constantemente, ou seja, ela é a própria alteração do campo/situação.

Os campos da conduta podem ser divididos em dois, de acordo com Bleger (1984):

1. **Campo ambiental ou geográfico** – Refere-se aos elementos e à realidade vista exteriormente, o contexto físico no qual ocorre a conduta.
2. **Campo psicológico** – Refere-se ao próprio sujeito. Dentro do campo psicológico, Bleger (1984) compreende uma subestrutura por ele denominada *campo da consciência* ou *área simbólica*.

Esses campos podem coincidir com as áreas da conduta ou delas se dissociar. A coincidência entre os três campos é o sentido da realidade, ou seja, o sujeito se comporta adequadamente à realidade em que está inserido. A dissociação é a não concordância das três áreas. Para que haja aprendizagem,

Aprendizagem e psicopedagogia na teoria da epistemologia convergente

então, é necessário que aconteça a total coincidência de campos, isto é, a total integração de todos eles.

Visca (1994) reforça essa afirmação e se utiliza do esquema mostrado na Figura 1.4 para melhor exemplificar as diferentes relações de concordância ou de discordância que podem ocorrer entre os campos da conduta.

Figura 1.4 – Diferentes relações de concordância e discordância nos campos de conduta

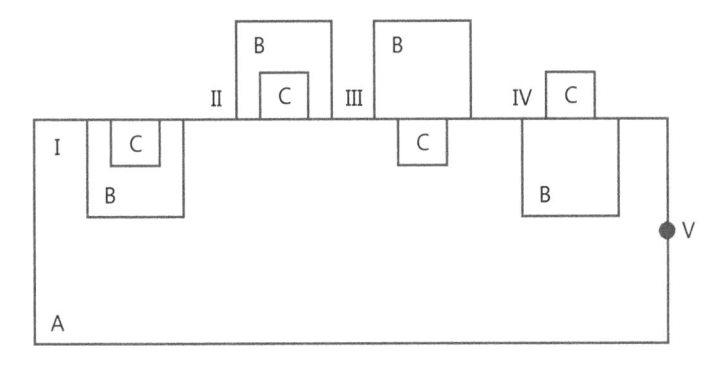

A = Campo geográfico
B = Campo psicológico
C = Campo da consciência

Fonte: Visca, 1994, p. 32.

Observando a Figura 1.4, podemos perceber:

- Na situação I, acontece a integração da conduta entre os três campos: A (campo geográfico), B (campo psicológico) e C (campo da consciência).
- Na situação II, não ocorre a integração entre todos, uma vez que B (campo psicológico) e C (campo da consciência) ocorrem fora de A (campo geográfico) – esse caso ocorre,

como dizemos de modo grosseiro, "quando só o corpo está presente" em determinada circunstância.
- Na situação III, embora A (campo geográfico) e C (campo da consciência) coincidam, B (campo psicológico) aparece fora, razão pela qual não há integração entre os três.
- Na situação IV, B (campo psicológico) integra-se a A (campo geográfico), mas C (campo da consciência) não se integra aos dois.
- Na situação V, por fim, acontece a total dissociação entre todos os campos.

Utilizaremos, aqui, o exemplo proposto por Bleger (1984, p. 39) para explicar melhor os conceitos mencionados: se, em um "campo ambiental (a classe), um aluno pensa num espetáculo a que tem que comparecer no dia seguinte e tem uma atitude corporal em relação com estes pensamentos, seu campo psicológico já não coincide com o ambiental. Nesse caso dizemos que há uma dissociação entre ambos".

Segundo Visca (1998), tanto Piaget quanto Bleger consideram que a conduta humana começa em um estado de **indiscriminação**, passa para um estado de **dissociação** e chega finalmente à **integração**.

Visca (1998) acredita que a aprendizagem é a aparição e a estabilização da conduta, mas que nem toda conduta é uma aprendizagem. Para que esta aconteça, é necessário haver a convergência das três dimensões que integram o ser humano: a capacidade cognitiva, a afetividade e o meio sociocultural.

Na perspectiva de Bleger (1984, p. 68), o ser humano é um todo agindo em determinado contexto social: a "conduta molar é uma totalidade organizada de manifestações, que se dá com uma unidade motivacional, funcional, objetal, significativa e estrutural". Com base nesse ponto de vista, podemos confirmar o que Bleger considera: toda a conduta humana é uma conduta molar.

A conduta molar, nessa visão, caracteriza-se, então, por cinco aspectos:

1. **Motivação** (Por quê?) – Há uma causa para ela existir.
2. **Meta** (Para quê?) – Ela existe para resolver as tensões provocadas pela motivação.
3. **Objeto** (Com quem ou contra quem?) – Ela pressupõe um vínculo, uma relação interpessoal.
4. **Significado** (O quê?) – Atos ou situações que emergem para aliviar o conflito.
5. **Estrutura** (Como?) – Como a conduta se caracteriza.

A finalidade ou a função da conduta é buscar o equilíbrio interno provocado pelas tensões causadas pela totalidade de uma situação. Esse equilíbrio não significa eliminar totalmente a tensão, e sim mantê-la em um nível ótimo, constante, característico do organismo: no caso, manter a ansiedade em um estado que permita ao indivíduo produzir algo bom, sem extingui-la totalmente. A conduta ainda indica uma resposta ou uma defesa que visa proteger o organismo da desorganização causada pelos estímulos em determinada situação. Como afirma Bleger (1998, p. 83), "Sem ansiedade não se aprende, e com muita ansiedade também não. O nível ótimo é aquele no qual a ansiedade funciona como um sinal de alarme".

É nesse processo de regulação de tensão que ocorre a **aprendizagem**, pois nunca se volta ao estado de estabilização e ao equilíbrio anterior: algo novo é construído e novas formas de reações e de integrações são conquistadas. O processo da aprendizagem infere a criação de coisas novas, porém as condutas podem apresentar-se de maneira estereotipada quando são repetitivas e não originais, pautadas em cristalizações que não permitem a entrada de algo novo em razão da impossibilidade de ruptura com velhas condutas.

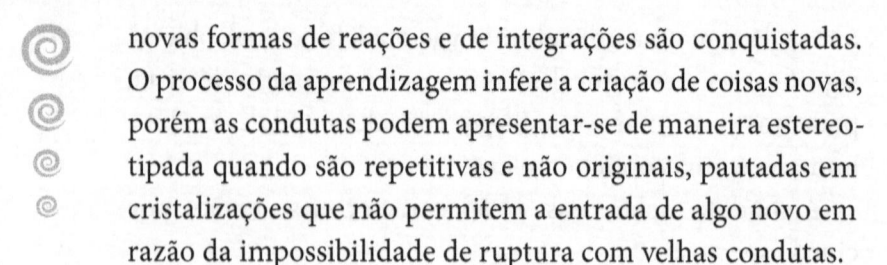

1.4.1
Estruturas da conduta

A estrutura da conduta está relacionada aos modos de agir e atuar do sujeito. São as reações ou as respostas do ser humano diante das situações que lhe são apresentadas no dia a dia. De acordo com Bleger (1984, p. 144), com base nas ideias de Pichon-Rivière, "no estudo das estruturas da conduta toma-se como base o caráter do vínculo que se estabelece com o objeto". Vamos ver a descrição delas a seguir.

Estrutura paranoide

Essa conduta caracteriza-se pela acusação, identificação ou vivência do sujeito em relação ao mundo externo. Ela provém da ideia de que um objeto – ou objetos – persecutório ou perigoso coloca em perigo o equilíbrio emocional: o sujeito sente que algo o persegue. Esse tipo de estrutura de conduta, que leva o sujeito a colocar a culpa nos outros ou em objetos do mundo exterior, expressa-se também pela desconfiança, irritabilidade e violência contra o mundo externo.

Estrutura ansiosa

É o resultado de uma situação que desmobiliza o organismo, impossibilitando ao sujeito prever ou antecipar o surgimento de algo ameaçador. Essa conduta caracteriza-se por um quadro de ansiedade, isto é, quando não existe uma ação planejada e coordenada pelo organismo. Equivale a dizer que *"é um estado de desorganização"*, conforme afirma Goldstein (citado por Bleger, 1984, p. 146).

Estrutura depressiva

A conduta de estrutura depressiva mostra-se por meio do sentimento da perda do objeto querido, causada pela destruição do objeto pelo próprio sujeito. Há um sentimento de perda irremediável que traz consigo a culpa e a consequente exigência do castigo ou da expiação. Por se tratar de um objeto ambivalente, ele é, ao mesmo tempo e na mesma proporção, amado e odiado.

Estrutura evitativa

A conduta de estrutura evitativa caracteriza-se pela evitação consciente ou inconsciente de um elemento ameaçador que se encontra no mundo externo. A suposta ameaça pode ser uma pessoa, um objeto, um lugar.

Estrutura ritualista

Caracteriza-se pela utilização de rituais que o indivíduo acredita poderem destruir o perigo de um objeto. Como em um passe de mágica, estar atrelado a ações repetidas ou a amuletos pode ser entendido pelo sujeito como uma proteção diante de um perigo eminente. Essa conduta, de certa forma, fornece ao sujeito "a vantagem" de evitar o enfrentamento com mudanças e com o novo. De acordo com Bleger (1984, p. 149), "o ritual pode ser um gesto, uma atitude, um tique, a rigidez muscular, ou então aparecer com a roupa, que pertence também ao esquema corporal".

Estrutura esquizoide

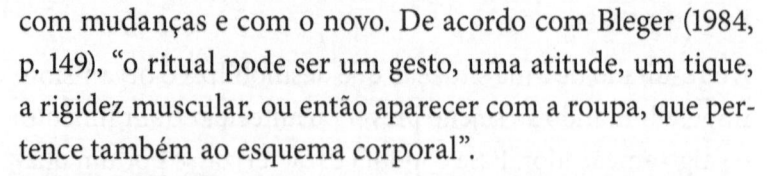

Na conduta de estrutura esquizoide, o sujeito distancia-se de todo o mundo exterior por meio do isolamento. Assim, desenvolve-se o não envolvimento com o objeto ameaçador, caracterizando-se uma frieza, intelectualidade ou racionalidade demasiada.

Estrutura histérica

Caracteriza-se pelas reações dramáticas e teatrais. Nesse quadro de conduta, as relações com o mundo externo podem aparentemente ser fáceis, e a sedução, uma moeda de troca.

Estrutura hipomaníaca

A conduta de estrutura hipomaníaca caracteriza-se pela constância e rapidez de aproximação ou de distanciamento do objeto ameaçador, na tentativa de imobilizá-lo ou controlá-lo.

Estrutura confusional

Essa conduta caracteriza-se pela indiscriminação do objeto: não se sabe se ele é ou não ameaçador. Pode ocorrer tanto diante de situações já conhecidas quanto de situações novas. Não se diferencia o que é bom ou ruim do evento, e há uma confusão entre o que e quem ameaça o equilíbrio emocional.

Estrutura acessional

Caracteriza-se pela presença de acessos (ataques repentinos). Exemplos dessa estrutura podem ser o sintoma da epilepsia, a síncope, a perda de fôlego, a convulsão ou o espasmo agudo.

Estrutura hipocondríaca

A característica principal da conduta de estrutura hipocondríaca é a queixa direcionada ao corpo.

Quadro 1.1 – Quadro sinóptico das estruturas de conduta

Objeto	Estrutura	Características clínicas
Total (Ambivalente)	Depressiva	Culpa e expiação
Parcial (Divalente)	Ansiosa	Ansiedade, desassossego
	Paranoide	Desconfiança e reivindicação
	Evitativa	Evitação
	Esquizoide	Distância e isolamento
	Histérica	Representação e sedução
	Ritualística	Rituais e cerimônias
	Hipomaníaca	Ritmo rápido e alternante
Aglutinado (Ambíguo)	Confusional	Falta de discriminação
	Acessional	Destrutividade, viscosidade, paroxismos
	Hipocondríaca	Relação com órgãos e a queixa

Fonte: Bleger, 1984, p. 151.

É importante compreender que as condutas podem se modificar estruturalmente, mas haverá algumas delas predominantes no modo de agir de um indivíduo ou de um grupo, e é isso o que nos permite individualizar cada pessoa.

1.5 Esquema evolutivo da aprendizagem

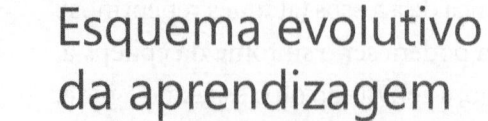

Há um conjunto de etapas que procuram explicar o processo de aprendizagem desde o nascimento até a morte. Podemos compreender, com base nisso, que a aprendizagem é um processo evolutivo que atinge sucessivos níveis de organização. Esse modelo encontra na psicogenética a ideia de que não se pode aprender além do que a estrutura cognitiva permite, apoia-se na psicanálise para considerar o papel da afetividade no processo do aprender e recupera da psicologia social a influência dos meios social e cultural em que um sujeito vive e estabelece seus vínculos.

Para refletir

Sujeitos de um mesmo meio cultural, com níveis cognitivos no mesmo patamar e diferentes investimentos afetivos, aprenderão de maneiras iguais?

Visca (1994), ao desenvolver suas ideias sobre a aprendizagem, acredita que há uma sequência de etapas pelas quais todo ser humano passa ao longo da vida e que assim, consequentemente, ele estabelece seu processo de construção da aprendizagem. A essa sucessão de etapas ele denominou **esquema evolutivo da aprendizagem**, conceito cuja elaboração foi possível com base na noção de que toda aprendizagem é uma conduta e que essa conduta passa por um processo de estabilização.

A evolução das condutas ocorre em quatro níveis de organização: (1) a protoaprendizagem, (2) a deuteroaprendizagem, (3) a aprendizagem assistemática (ou incidental/eventual) e (4) a aprendizagem sistemática. Veremos cada um deles a seguir.

Protoaprendizagem[5]

Ao nascer, a sobrevivência do recém-nascido depende integralmente da figura materna e se estabelece por meio da relação entre a mãe e o bebê, dando origem ao primeiro nível da aprendizagem. Aqui se integra também a relação biológica existente entre a mãe e o bebê ou entre este e quem cumpra tal papel, ou seja, o objeto maternante. Ao mesmo tempo que alimenta e passa para o bebê o sustento biológico, a mãe também lhe transmite, conscientemente ou não, conhecimentos sobre o meio, que são incorporados pela criança.

Este primeiro nível, que influenciará todo o processo da aprendizagem do sujeito, é fundamental porque constituirá a matriz dos demais níveis, determinando o desenvolvimento da personalidade desse novo ser humano. Nesse momento da vida, as construções cognitiva e a afetiva de um sujeito interagem uma com a outra e com o meio.

• • • • •
5   *Proto*, do grego, significa "primeiro", ou seja, trata-se do primeiro nível de aprendizagem.

Deuteroaprendizagem[6]

Como segundo nível de aprendizagem, essa fase constrói-se pelas interações e pelas trocas que ocorrem entre o grupo familiar (pai, mãe, irmãos e pessoas que moram na mesma casa) e o bebê. Visca e Visca (1999) assinalam que a deuteroaprendizagem inicia-se quando a criança adquire a capacidade de usar símbolos e representações mentais com significados, ou seja, quando se inicia a função simbólica ou semiótica postulada por Piaget. Nesse momento, cinco condutas descritas por Piaget emergem no processo do desenvolvimento infantil: (1) imitação diferida; (2) jogo simbólico; (3) linguagem; (4) imagem mental; e (5) desenho.

Essas condutas iniciam-se tendo como modelos primeiramente as influências familiares para posteriormente sofrerem influências da comunidade mais próxima. É nesse momento que a criança cria seu conceito de mundo valorizando determinados objetos e seus atributos.

O exemplo a seguir, baseado em Visca e Visca (1999), pode facilitar a compreensão desse pressuposto:

- U = universo – natureza, cultura, seres inanimados e seres animados.

  Natureza: árvore, pedras, água, peixes, relva, pássaros etc.

  Cultura: móveis, cama, sofá, mesa, livros, computador, telefone etc.

• • • • •
6 *Deutero*, em grego, significa "segundo". Ou seja, trata-se do segundo nível de aprendizagem.

Seres inanimados: pedra, flores, cadeira, papel, xícara etc.

Objetos animados: animais – cão, vaca, formiga, passarinho etc.
- **OV** = objetos valorizados – árvore, pássaros, flores.
- **AV** = atributos valorizados.

árvore ➡ sombra

pássaros ➡ canto

flores ➡ perfumes

Com base nesse esquema, podemos inferir que é o grupo familiar que auxilia e influencia as aprendizagens que a criança constrói, fornecendo-lhe elementos que a ajudem a delinear a própria concepção de mundo. Isso ocorre com base nos atributos, na importância e no significado dados aos objetos que a rodeiam. Por exemplo, enquanto caminham pela rua, os integrantes do grupo familiar verbalizam que uma árvore fornece sombra e é a casa dos pássaros que nos acordam pela manhã com cantos suaves. A dinâmica familiar diante da vida e da natureza, então, conduz as vivências e as experiências da criança.

Aprendizagem assistemática[7] (ou incidental/eventual)

Com base nas organizações que a criança construiu na fase anterior, constrói-se o terceiro nível de aprendizagem, aproximadamente a partir dos 4 anos de vida até quando a criança

• • • • •
7   Do prefixo grego *a-* (que significa "não") atrelado à palavra *sistemática* ("conjunto ordenado"), ou seja, é a negação desta.

inicia a aprendizagem sistemática, formal. Essa cronologia depende da cultura em que o sujeito está inserido e do sistema educacional do país em que ele vive.

Esse nível de aprendizagem apresenta-se de forma restrita tanto vertical quanto horizontalmente: no primeiro caso, no sentido de que a criança entra em contato com a cultura social; e, no segundo, porque conhece o mundo a sua volta e interage em locais próximos de sua residência, como o bairro ou o condomínio. Essa fase permite que a criança construa aprendizagens sem necessariamente estar em contato com os meios formais, ou seja, a escola, por exemplo.

Portanto, a aprendizagem assistemática refere-se às experiências que a criança tem fora do ambiente escolar e que a colocam em contato com a cultura em que vive, como ir à padaria ou ao supermercado, usar o telefone celular, passear de carro ou de ônibus, entre outras atividades. Ao mesmo tempo que a criança experimenta situações corriqueiras dos pais e/ou dos cuidadores, também entra em contato com bens culturais que permeiam a cultura na qual está inserida, ou seja, depara-se com a escrita, com o dinheiro, com documentos, com hábitos sociais, entre outros.

Por meio da observação e da vivência de situações cotidianas, a criança aprende as regras de comportamento do ambiente onde vive. As condutas das pessoas com quem ela se relaciona servem de modelo para a interiorização de regras e de normas sociais. São aprendizagens eventuais que nem sempre apresentam intencionalidade explícita.

Aprendizagem sistemática

Esse nível inicia-se quando o sujeito entra na escola e encerra-se quando ele termina sua formação acadêmica. No Brasil, refere-se ao período que começa no ensino fundamental e chega até a pós-graduação. O que caracteriza esse nível de aprendizagem é a intencionalidade e a estruturação de currículos que, por meio das instituições acadêmicas, propagam os bens culturais construídos pela sociedade.

Visca e Visca (1999) definiram estágios (ou subníveis) da aprendizagem sistemática, conforme mostra a Figura 1.5.

Figura 1.5 – Subníveis da aprendizagem sistemática

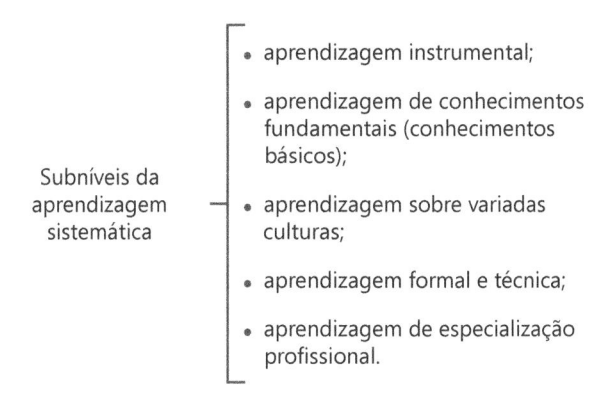

Subníveis da aprendizagem sistemática:
- aprendizagem instrumental;
- aprendizagem de conhecimentos fundamentais (conhecimentos básicos);
- aprendizagem sobre variadas culturas;
- aprendizagem formal e técnica;
- aprendizagem de especialização profissional.

Fonte: Visca; Visca, 1999, p. 85, tradução nossa.

Vejamos as características de cada um desses subníveis:

- O primeiro subnível, a aprendizagem instrumental, trata-se do conjunto das aprendizagens básicas para se apropriar do conhecimento acadêmico; refere-se à aquisição da leitura e da escrita e à aprendizagem numérica e de cálculos.

- O segundo subnível refere-se às aprendizagens que envolvem conteúdos sobre geografia, história e cultura do meio em que o sujeito vive, como atividades que envolvem o conhecimento a respeito da própria cidade, do próprio estado e do próprio país.
- O terceiro subnível é aquele em que o sujeito é apresentado a conhecimentos de outras culturas e de outros tempos que influenciaram a história da humanidade.
- O quarto subnível relaciona-se à escolha profissional e à formação técnica.
- O quinto e último subnível compreende os cursos de especialização, mestrado, doutorado e outros acima destes.

Figura 1.6 – Esquema evolutivo da aprendizagem

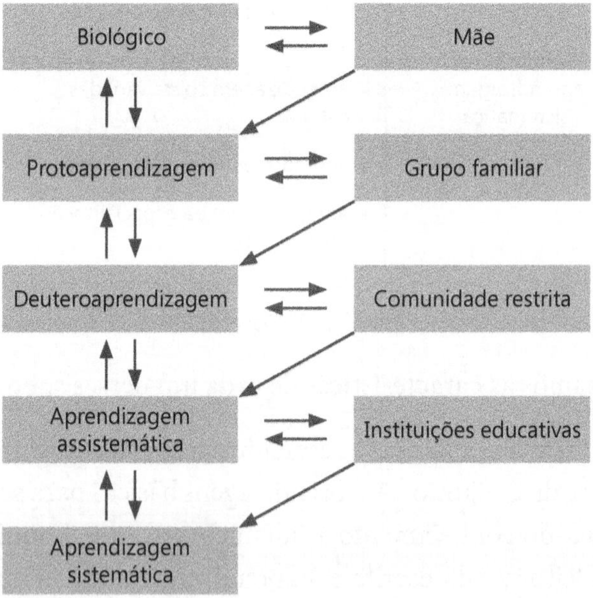

```
Biológico        ⇌   Mãe
  ↕
Protoaprendizagem ⇌   Grupo familiar
  ↕
Deuteroaprendizagem ⇌ Comunidade restrita
  ↕
Aprendizagem        ⇌ Instituições educativas
assistemática
  ↕
Aprendizagem
sistemática
```

Fonte: Visca; Visca, 1999, p. 86, tradução nossa.

Na Figura 1.6, percebemos que, de acordo com Visca e Visca (1999), o processo de aprendizagem humana inicia-se na interação entre o sujeito biológico e sua mãe e termina na aprendizagem sistemática.

Síntese

Neste primeiro capítulo, você conheceu a aplicação da psicopedagogia com base no modelo da epistemologia convergente, teoria esta que foi desenvolvida pelo professor argentino Jorge Visca e cujos conceitos foram fundamentados e elaborados com suporte da epistemologia genética, da teoria psicanalítica e da psicologia social.

Como você pôde verificar, a fundamentação filosófica da epistemologia convergente está inserida em três correntes: (1) interacionista, (2) estruturalista e (3) construtivista. No desenvolvimento de todo o arcabouço teórico da epistemologia convergente, o conceito de *conduta* – toda a manifestação motora e psíquica apresentada pelo ser humano – foi central (nesse caso, o conceito de *conduta molar*, proposto por Bleger como toda ação humana, fundamenta as questões de aprendizagem).

Você também constatou que é na regulação da tensão causada pela ansiedade que ocorre a aprendizagem, na qual o esquema evolutivo expressa-se como representação do processo de construção da aprendizagem humana, tendo como premissa a formação do sujeito desde seu nascimento até o fim de sua vida.

Indicações culturais

A GUERRA do fogo. Direção: Jean-Jacques Annaud. França; Canadá: Lume Filmes, 1981. 101 min.
  O filme se passa nos tempos pré-históricos, em torno da descoberta do fogo. Uma tribo sabia conservar o fogo oferecido pela natureza, porém não sabia como produzi-lo. Durante um combate com rivais, o fogo é apagado, razão pela qual a mencionada tribo passa a viver com as agruras do frio. Então, em busca de um novo espaço no qual poderia haver fogo natural, membros da tribo encontram-se com um grupo mais avançado e são expostos a diversos conhecimentos novos, principalmente à técnica de produzir fogo por atrito. Ao dominar um elemento da natureza, libertam-se da dependência do fenômeno natural, que agora passou a ser manipulado e usado para várias situações. Podemos notar nessa história a construção de aprendizagens simbólicas pela tribo, como significar as emoções com o riso.

O PREÇO do desafio. Direção: Ramón Menéndez. Estados Unidos: Warner Bros., 1988. 102 min.
  Baseada em fatos reais, essa produção relaciona os aspectos individual e grupal da aprendizagem. Ela conta a história de alunos que apresentam dificuldades de aprendizagem e vivem em uma comunidade marginalizada. A capacidade de compreender cada estudante em sua individualidade, a determinação e a competência do professor Jaime Escalante são as marcas do filme, pois são essas as

ferramentas que o ajudam a motivar e a ajudar os alunos a reconhecerem-se como sujeitos da aprendizagem.

STANLEY and Iris. Direção: Martin Ritt. Estados Unidos: MGM Home Video, 1990. 104 min.
O filme conta a história de um homem analfabeto que faz o possível para esconder essa situação das pessoas. Até que ele encontra uma mulher viúva que está vivendo momentos difíceis para criar os filhos. A maneira como ambos resolvem os conflitos e as dificuldades revela-se em condutas que os levam a superar as dificuldades e colabora para a construção de novas aprendizagens.

Atividades de autoavaliação

1. A clínica no modelo da epistemologia convergente sustenta suas bases teóricas pautadas em três teorias. Quais são elas?
    a) Psicologia genética, behaviorismo e psicologia social.
    b) Psicologia genética, comportamentalismo e Gestalt.
    c) Psicanálise, psicologia genética e psicologia social.
    d) Psicanálise, behaviorismo e psicologia genética.
    e) Psicologia social, psicogenética e reflexologia.

2. Com relação à aprendizagem, analise as seguintes afirmações.
    I) De acordo com Jorge Visca, há íntima vinculação entre afetividade, cognição e socialização no processo de aprendizagem.
    II) Aprendizagem é uma construção mental que se amplia a cada interação do sujeito com o meio e

deriva do nível das ações que sua estrutura cognitiva permite.

III) Aprendizagem é uma relação entre a ação e o seu efeito, razão pela qual devemos repetir hábitos satisfatórios e evitar aqueles que não trazem contentamento. Nesse sentido, o reforço estimula a força de um comportamento e a punição o faz enfraquecer-se.

IV) Cabe a um professor em sala transmitir as informações que logo os alunos as aprenderão.

V) Nos processos de ensino e de aprendizagem é importante levar em consideração o nível da estrutura cognitiva de um sujeito, assim como indica a teoria psicogenética de Jean Piaget.

Assinale a alternativa que apresenta as afirmações corretas:

a) I, II e III.
b) I, II e IV.
c) II, III e V.
d) II, IV e V.
e) I, II e V.

3. Sobre a conduta humana, analise as seguintes afirmações.
   I) A conduta humana começa em um estado de indiscriminação, passa para um estado de dissociação e chega, finalmente, à integração.
   II) Não há necessidade de concordância dos campos da conduta para que ocorra a aprendizagem.

Aprendizagem e psicopedagogia na teoria da epistemologia convergente

III) A conduta molar caracteriza-se por cinco aspectos: (1) motivação, (2) meta, (3) objeto, (4) significado e (5) estrutura.

IV) Ficar vermelho ou empalidecer diante de uma situação de tensão indica uma conduta concreta corporal.

V) Colocar o corpo em movimento ou correr diante de uma situação de perigo refere-se à conduta simbólica.

Assinale a alternativa que apresenta as afirmações corretas:

a) I, II e V.
b) I, III e IV.
c) II, III e IV.
d) III, IV e V.
e) II, IV e V.

4. Sobre a noção de que a conduta das manifestações mentais ou simbólicas se caracteriza pelo pensamento, por aquilo que não ocorre em ações concretas, analise as seguintes afirmações.

I) A proposição é verdadeira a depender da situação, uma vez que o ser humano é muito complexo para que isso se efetive.

II) As manifestações simbólicas são o pensamento em ação e referem-se às coisas imateriais, em que a subjetividade se manifesta.

III) A imitação e as brincadeiras de faz de conta, por exemplo, são consideradas manifestações simbólicas.

IV) Pensar ou imaginar são ações que ocorrem na mente, razão pela qual são condutas simbólicas.

Assinale a alternativa que apresenta as afirmações corretas:

a) I, III e IV.
b) I, II e III.
c) I, II e IV.
d) II, III e IV.
e) II e IV.

5. Jorge Visca, ao desenvolver ideias sobre a aprendizagem, estabeleceu uma sequência de etapas pelas quais todo ser humano passa ao longo da vida e durante as quais, consequentemente, estabelece-se o próprio processo de construção da aprendizagem. A essa sucessão de etapas ele deu o nome de *esquema evolutivo da aprendizagem*.

Com base nesse esquema, relacione as definições a suas respectivas nomenclaturas.

I) Protoaprendizagem
II) Deuteroaprendizagem
III) Aprendizagem assistemática
IV) Aprendizagem sistemática

( ) É a aprendizagem que se constrói com a ajuda da comunidade mais próxima.
( ) Trata-se da aprendizagem estabelecida nas primeiras interações da mãe com o bebê.
( ) Pressupõe aprendizagens que são oportunizadas intencionalmente, pois há um "currículo" a seguir.
( ) Compreende as aprendizagens oportunizadas pelos demais membros da família.

Assinale a alternativa que apresenta a sequência correta:

a) III, I, IV, II.
b) IV, II, I, III.
c) III, II, IV, I.
d) I, II, III, IV.
e) II, I, IV, III.

Atividades de aprendizagem

Questões para reflexão

1. O que você entende da afirmação "toda aprendizagem é uma conduta, porém nem toda conduta é uma aprendizagem"? Explique.

2. Baseado nas três estruturas de conduta, identifique exemplos cotidianos em que elas aparecem. Discorra sobre suas percepções.

3. Quais são as marcas positivas e aquelas não tão boas que você percebe em seu processo de aprendizagem? Elabore um texto sobre isso.

Atividade aplicada: prática

1. Reflita sobre as ideias propostas por Visca no esquema evolutivo da aprendizagem e represente em quatro quadros o seu próprio processo de aprendizagem a fim de reconhecer-se como sujeito da aprendizagem. Provavelmente, você precisará recorrer às memórias de seus pais e/ou cuidadores mediante o uso de fotos e objetos de sua infância.

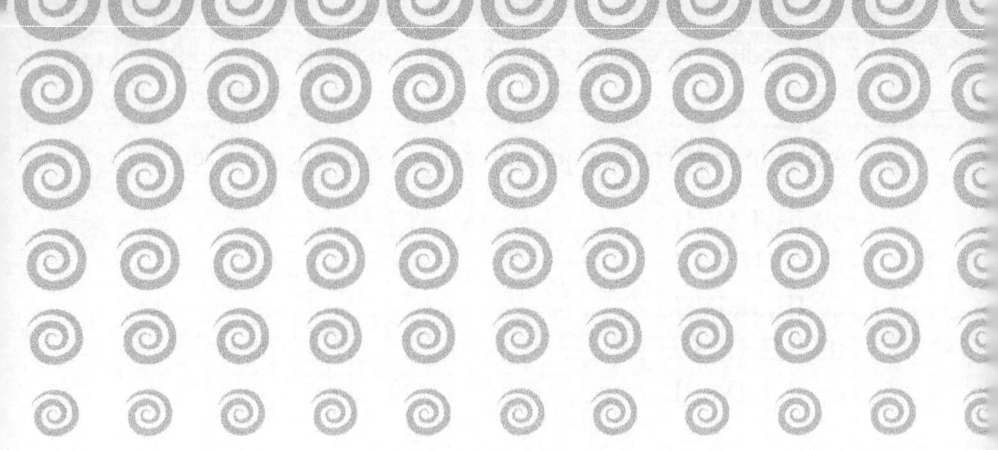

2
Epistemologia convergente e suas vertentes teóricas

[...] os escolares alcançam um rendimento infinitamente melhor quando se apela para seus interesses e quando os conhecimentos propostos correspondem às suas necessidades.

Piaget, 1984

Assim como um planeta gira em torno de um corpo central enquanto roda em torno de seu próprio eixo, assim também o indivíduo humano participa do curso do desenvolvimento da humanidade, ao mesmo tempo que persegue o seu próprio caminho na vida.

Freud, 1996

> Através do vínculo toda a personalidade do sujeito se comunica.
>
> *Pichon-Rivière, 1998*

Neste capítulo, analisaremos cada uma das teorias utilizadas por Visca para a criação da teoria da epistemologia convergente. Portanto, procuraremos levantar os principais conceitos da psicogenética de Piaget, tratando do nascimento da inteligência e do modo como se constroem conhecimentos. Quando abordarmos a psicanálise, veremos as fases do desenvolvimento psicossexual de um indivíduo, estudo fundamental para que o psicopedagogo compreenda a relação intrínseca entre aprendizagem e afetividade. Discorreremos ainda sobre psicologia social, representada por Pichon-Rivière, que concebeu a teoria do vínculo e a proposta da técnica de grupos operativos.

É importante ressaltar que os conceitos apresentados neste capítulo são desenvolvidos de maneira introdutória, razão pela qual se faz necessário, de outras formas, aprofundar sistematicamente esses conhecimentos para realizar um trabalho psicopedagógico adequado e com excelência na linha da epistemologia convergente.

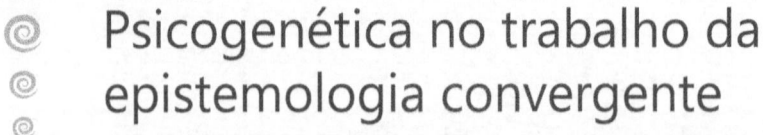

2.1
Psicogenética no trabalho da epistemologia convergente

A teoria psicogenética (ou da epistemologia genética), por meio das pesquisas e dos estudos de Jean Piaget e de seus colaboradores, teve importante destaque para a epistemologia convergente, uma vez que trata do desenvolvimento infantil e do processo da construção da inteligência da criança.

Piaget preocupou-se em estudar a maneira como a espécie humana aprende. O objetivo do autor era entender de maneira científica o modo pelo qual o ser humano evoluía. Por meio da observação de crianças recém-nascidas, ele percebeu que um bebê, ao nascer, apresenta capacidades que lhe garantem a sobrevivência. Piaget constatou também que uma criança apresenta domínios diferentes em outras fases de desenvolvimento e que existe uma lógica nas condutas e nas ações dela, à qual ele nomeou de *lógica infantil* (Dolle, 1975; Zazzo, 1989).

Por ser biólogo, Piaget, no início da carreira como pesquisador, ainda muito jovem, estudou os moluscos alpinos, quando notou que ocorriam variações de adaptação desses animais em diferentes altitudes. Foi, então, com base em suas observações, que desenvolveu a teoria sobre o processo de adaptação de todo organismo vivo. Por sua vez, fundamentado na ideia da adaptação biológica, direcionou conclusões para o estudo sobre o desenvolvimento da inteligência (Zazzo, 1989).

2.1.1 Desenvolvimento dos conceitos centrais em Piaget

Piaget desenvolveu importantes conceitos da epistemologia genética, como os de *assimilação* e *acomodação*, estabelecendo correlações com o processo do pensamento. O sistema de inteligência humana pareceu-lhe uma forma de adaptação[1] biológica mediante interações que o ser humano estabelece com o meio e para cuja realização deve haver desenvolvimento[2] em períodos, como veremos adiante.

@ Assimilação e acomodação: desequilíbrio e equilibração

Os processos de assimilação e de acomodação foram compreendidos por Piaget como invariantes funcionais, pois possibilitam um desequilíbrio, isto é, "a modificação" de uma estrutura que possibilita a adaptação da inteligência.

A aprendizagem, conforme Piaget (1984), é a resolução da tensão entre a assimilação e a acomodação que um organismo experiencia em seu meio ambiente, originando o processo de equilibração.

A assimilação é o processo pelo qual novos objetos ou novas situações e experiências são incorporados aos esquemas

• • • • •
1 Procedimento ativo de equilíbrio entre assimilações e acomodações. A adaptação exige um equilíbrio e uma organização entre os processos de assimilação (do exterior para o interior) e de acomodação (do interior para o exterior).

2 É uma equilibração progressiva, uma passagem contínua de um estado de menor equilíbrio para um estado de equilíbrio superior.

já existentes. Por sua vez, a acomodação é a modificação desses esquemas já existentes como resultado da experiência. É importante explicar aqui que a noção de esquema para Piaget é, de acordo com Delval (2001, p. 29), uma "sucessão de ações (materiais ou mentais) que têm uma organização[3] e que são suscetíveis de repetir-se em situações semelhantes"; assim, pode-se dizer que é uma sequência bem-definida de ações físicas ou mentais. Nesse sentido, os esquemas são modificados à medida que o ser humano age sobre a realidade que o cerca. Vejamos o que diz Piaget (1996, p. 18) sobre o assunto:

> É claro que o conteúdo de cada esquema de ação depende em parte do meio e dos objetos ou acontecimentos aos quais se aplica. Mas isto não significa absolutamente que sua forma ou funcionamento sejam independentes de fatores internos. Em primeiro lugar, desde os níveis dos celenterados e dos equinodermos as ações dependem de um sistema nervoso, o qual por mais elementar que seja, é herdado, o que supõe a colaboração do genoma. Por outro lado, mantendo-nos no plano do comportamento, um esquema nunca tem começo absoluto, mas deriva sempre, por diferenciações sucessivas, de esquemas anteriores que remontam progressivamente até os reflexos[4] ou movimentos espontâneos iniciais. Em terceiro lugar, e sobretudo, um esquema admite sempre ações do sujeito (do organismo) que não derivam, como tais, das propriedades do objeto (do meio).

• • • • •
3 Processo do pensamento, organização de experiências.
4 Condutas colocadas em ação quando se produzem determinadas condições: preensão, sucção e deglutição.

É, pois, por meio das operações mentais que o ser humano desenvolve sua aprendizagem, em um processo contínuo da desequilibração para a equilibração, utilizando-se dos dois processos, a assimilação e a acomodação, conforme vimos anteriormente.

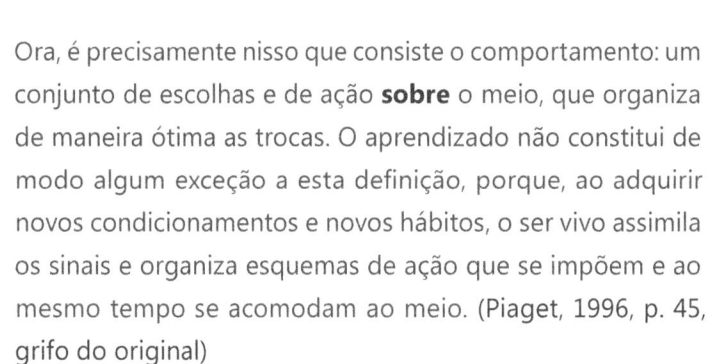

> Ora, é precisamente nisso que consiste o comportamento: um conjunto de escolhas e de ação **sobre** o meio, que organiza de maneira ótima as trocas. O aprendizado não constitui de modo algum exceção a esta definição, porque, ao adquirir novos condicionamentos e novos hábitos, o ser vivo assimila os sinais e organiza esquemas de ação que se impõem e ao mesmo tempo se acomodam ao meio. (Piaget, 1996, p. 45, grifo do original)

Etapas de desenvolvimento da inteligência

Por meio da observação de como as crianças agem em determinadas situações, Piaget estabeleceu etapas, estágios ou períodos com características específicas que procuram explicar como ocorre o desenvolvimento mental dos seres humanos.

De acordo com Dolle (1975, p. 52), Piaget estabeleceu quatro etapas no desenvolvimento das estruturas da inteligência:

> Discerne-se, assim, no desenvolvimento das estruturas da inteligência, um conjunto de etapas características, chamadas estádios, que podem ser reduzidos a quatro principais
>
> 1º Estádio da inteligência sensório-motora (até dois anos),

2º Estádio da inteligência simbólica ou pré-operatória (de 2 a 7-8 anos)

3º Estádio da inteligência operatória concreta (de 7-8 anos a 11-12 anos)

4º Estádio da inteligência operatória formal (a partir dos 12 anos, com patamar de equilíbrio por volta dos 14-15 anos).

Piaget (1983, p. 17) define inteligência da seguinte forma: "é essencialmente um sistema de operações vivas e atuantes". O pensador adotou o termo *operação* para tratar dos atos humanos que se combinam aos meios necessários à aquisição de determinados resultados no processo da construção da inteligência.

Estágio da inteligência sensório-motora

De acordo com Delval (2001), o período denominado *estágio da inteligência sensório-motora* estabelece-se do nascimento até aproximadamente os 2 anos. A atividade intelectual sensório-motora ocorre com base nas sensações e nas manipulações no ambiente e no aparecimento da linguagem. É a fase em que a inteligência da criança conquista enorme progresso, pois é nesse período que ela constrói os conceitos práticos de espaço, de tempo e de causalidade.

Um dos pressupostos dessa fase refere-se à permanência do objeto, que pode ser assim explicada: em determinada fase do desenvolvimento, nesse estágio, o bebê não concebe nada que não lhe seja perceptível, ou seja, ele não tem o senso de permanência de um objeto, pois, quando este é retirado do campo de visão do bebê, deixa de existir. Por exemplo, um bebê mais novo e um mais velho respondem diferentemente quando escondemos debaixo de um pano ou atrás de um anteparo um objeto qualquer. O mais velho procura-o, ao passo que o mais novo deixa de mostrar interesse por ele. Sternberg (2000) sustenta que, embora tenham sido realizadas pesquisas posteriores que põem em dúvida o pressuposto desenvolvido por Piaget sobre a permanência do objeto pelos bebês, essa noção é verdadeira.

Estágio da inteligência pré-operatória

Piaget (1984) afirma que o período denominado *primeira infância* – de 2 a 7 anos (estágio pré-operatório) – caracteriza-se pelo desenvolvimento da capacidade simbólica e pelo aprimoramento da linguagem. Segundo o autor,

> Com o aparecimento da linguagem, as condutas são profundamente modificadas no aspecto afetivo e no intelectual. Além de todas as ações reais ou materiais que é capaz de efetuar, como no curso do período precedente, a criança torna-se, graças à linguagem, capaz de reconstituir suas ações passadas sob a forma de narrativas, e de antecipar suas ações futuras pela representação verbal. Daí resultam três consequências essenciais para o desenvolvimento mental: uma possível troca entre os indivíduos, ou seja, o início da socialização da ação; uma interiorização da palavra, isto é, a aparição do pensamento propriamente dito, que tem como base a linguagem interior e o sistema de signos, e, finalmente, uma interiorização da ação como tal, que, puramente perceptiva e motora que era até então, pode daí em diante se reconstituir no plano intuitivo das imagens e das "experiências mentais". (Piaget, 1984, p. 23-24)

Piaget, segundo Sternberg (2000), utilizando diversos experimentos, considerou que nessa fase do desenvolvimento, além de uma comunicação egocêntrica, a criança exibe a conduta da **centração**[5], que é uma tendência de focalizar apenas um aspecto observável de determinado objeto em uma operação que manipula materiais concretos.

Delval (2001) exemplifica esse pressuposto relatando que tipo de operações mentais uma criança, nesse momento de desenvolvimento, realiza e como ela verbaliza seu pensamento ao afirmar sem provas suas crenças sobre determinada situação. Para o autor,

> Contudo, seu pensamento ainda difere consideravelmente do adulto e pode caracterizar-se como "egocêntrico", ou seja, como um pensamento centrado sobre o próprio sujeito, o que se manifesta no fato de não diferenciar claramente o físico do psíquico, o objeto subjetivo. A criança afirma sem provas e não é capaz de dar demonstração de suas crenças. O universo é mutável, e a representação que existe dele ainda não é adequada. Por exemplo, para a criança, há diferentes quantidades de matéria em uma bola de massa de modelar e na mesma bola transformada em salsicha – a quantidade de matéria modifica-se ao mudar a forma. Se estabelecermos uma correspondência entre uma fila de ovos e outra de porta-ovos, com o mesmo número de elementos em cada uma, e se aumentarmos o comprimento de uma das filas, separando

• • • • •
5 *Centração*, conforme Sternberg (2000, p. 396), é "a tendência das crianças em concentrarem todos os processos do pensamento em um aspecto perceptivelmente notável de um objeto, uma situação ou um problema, à exclusão de outros aspectos relevantes".

os elementos, então haverá mais elementos em uma do que na outra, ou seja, o número também não se conserva e depende de configurações espaciais. (Delval, 2001, p. 37)

Portanto, nesse estágio pré-operatório, o desenvolvimento da criança não apresenta ainda os esquemas da conservação, da classificação e da seriação. As caraterísticas essenciais dessa fase advêm do surgimento da função simbólica e fazem emergir cinco condutas: (1) imitação diferida, (2) jogo simbólico, (3) linguagem, (4) imagem mental e (5) desenho. É importante ressaltar que Visca encontrou no pressuposto piagetiano a base para a explicação do segundo nível da aprendizagem – a deuteroaprendizagem.

Estágio da inteligência operatória concreta

O período das operações concretas propriamente dito, dos 7 aos 11 anos, caracteriza-se pela organização mental que se torna integrada: a criança é capaz de manipular o mundo. Nesse período, ocorre o aparecimento do domínio da **conservação**, quando determinada quantidade do objeto permanece enquanto nada lhe é subtraído ou acrescentado mesmo que se mude o recipiente; do domínio da **classificação**, quando ocorrem a coordenação da compreensão, a extensão das classes e o manejo das relações de inclusão; e do domínio da **seriação**, quando é possível a construção de uma série de elementos coordenados simetricamente.

Segundo Dolle (1975, p. 124), nesse estágio, a criança conquista a "reversibilidade lógica, que dá muito mais mobilidade a seu pensamento e lhe permite, em particular, uma descentração progressiva mais rápida". As operações concretas, ao contrário do estágio subsequente das operações formais, incidem sobre o real (concreto), e não sobre hipóteses. Sternberg (2000, p. 377) traz a seguinte explicação para tais operações:

> Em outras palavras, elas agora não só têm ideias e memórias dos objetos mas também podem realizar operações mentais com essas ideias e memórias. Entretanto, podem agir assim apenas quanto a objetos concretos (p. ex., ideias e memórias de carros, alimentos, brinquedos e outras coisas tangíveis) – daí a denominação de "operações concretas".

Estágio da inteligência operatória formal

O último estágio corresponde ao período que se inicia aos 12 anos e alcança equilíbrio por volta dos 14-15 anos.

Piaget (1984, p. 62-63) afirma que

> Por volta de onze a doze anos efetua-se uma transformação fundamental no pensamento da criança, que marca o término das operações construídas durante a segunda infância; é a passagem do pensamento concreto para o "formal", ou, como se diz em termo bárbaro, mas claro, "hipotético-dedutivo".

A característica essencial desse período, então, é a capacidade do sujeito de realizar o raciocínio abstrato.

Vejamos um quadro que sumariza as características dos estágios que vimos até agora.

Quadro 2.1 – Etapas do desenvolvimento e suas características (cronologia variável)

Sensório-motora	• de 0 a 2 anos; • atividades sensorial e motora; • atividades práticas; • anterior à linguagem; • repertório de ações reflexas que dão lugar a esquemas; • noção da permanência do objeto.
Pré-operatória	• de 2 a 7 anos; • aparecimento da linguagem; • primeiras explicações sobre a realidade; • dificuldade de descentração – egocentrismo; • inteligência intuitiva; • imitação – jogo simbólico.
Operatória concreta	• de 7 a 12 anos; • domínio da conservação; • aparecimento da lógica de classes e das relações entre elas. • consideração das transformações que ocorrem no real; • operações reversíveis; • menos confiança nos dados dos sentidos.
Operatória formal	• de 12 anos em diante • reestruturação das operações concretas; • formulação de hipóteses; • raciocínio sobre o possível; • combinatória sistemática.

2.1.2
Núcleo da teoria piagetiana: novos olhares

Rolando Garcia[6] (2002) passou a defender a teoria piagetiana depois de ter estudado a fundo seu criador, Piaget. Segundo

---
6 Autor da área de epistemologia que muito colaborou com Piaget.

Garcia (2002, p. 44), essa teoria sofre críticas em razão de interpretações erradas: "Nada é preexistente para o construtivismo, exceto os mecanismos biológicos que regulam os reflexos iniciais e condicionam as coordenações das ações". O autor, ao ampliar as ideias piagetianas, sustenta, com base em sete teses, a ideia de cognição como um sistema complexo. Nesse sentido, é importante que as citemos neste livro, uma vez que o psicopedagogo que se propõe a compreender a aprendizagem sob a ótica da teoria da epistemologia convergente e atuar nessa mesma perspectiva deve sempre se atualizar e conhecer as novas pesquisas a respeito da epistemologia genética. Veja a seguir a descrição de cada uma das sete teses de Garcia (2002, p. 50, grifo do original):

> Tese I – O desenvolvimento do conhecimento é um processo contínuo que mergulha suas raízes no organismo biológico, prossegue através da infância e da adolescência e se prolonga no adulto até os níveis da atividade científica. [...]
>
> Tese II – O conhecimento surge num processo de organização das interações entre um sujeito ("o *sujeito* de conhecimento") e essa parte da realidade constituídas pelos objetos ("o *objeto* de conhecimento"). [...]
>
> Tese III – A gênese das relações e as estruturas lógicas e lógico-matemáticas estão nas *interações* sujeito-objeto. Não provém do objeto, como abstrações e generalizações de percepções empíricas, nem do sujeito, como intuições puras ou ideias platônicas. Sua raiz está nas coordenações das ações do sujeito sobre o objeto. [...]

Tese IV – Organizar objetos, situações, fenômenos da realidade empírica (como os objetos do conhecimento) significa estabelecer relações entre eles. Mas as relações de causa não podem ser observadas: são sempre inferências. Causalidade e lógica nascem mancomunadas. [...].

Tese V – O desenvolvimento do conhecimento não acontece de maneira uniforme, por simples expansão, nem por acúmulo de elementos. Não é o desenvolvimento algo que estava pré-formado, nem provém de agregação e elaboração de elementos vindo da experiência. O desenvolvimento se dá por **reorganizações sucessivas**. Isso significa que a **elaboração** dos instrumentos cognitivos do sujeito acontece por etapas.

Tese VI – Em todo domínio da realidade (físico, biológico, social), as interações do sujeito com os objetos do conhecimento dão lugar a **processos cognitivos** construídos com os **mesmos mecanismos**, independentemente do domínio. Assim, mesmo se tratando de assimilação de objetos de conhecimento, não há dicotomia, a nível psicogenético, entre os fenômenos do mundo físico e os fenômenos do mundo social.

Tese VII – O sujeito do conhecimento se desenvolve desde o início num contexto social. A influência do meio social (que começa na relação familiar) aumenta com a aquisição da linguagem e depois através de múltiplas instituições sociais, como a própria ciência [...].

Vale lembrar que, de acordo com o criador da epistemologia convergente, aprendizagem é uma construção mental que se amplia a cada interação do sujeito com o meio e deriva do nível das ações que sua estrutura cognitiva permite. Visca

(1994) denominou o impedimento de aprender de *obstáculo epistêmico*[7], tema que estudaremos no Capítulo 3.

2.2
Teoria psicanalítica e epistemologia convergente

As manifestações emocionais e os processos inconscientes também muito interessaram a Jorge Visca. Foi na teoria da psicanálise que muitas de suas perguntas sobre o processo da aprendizagem foram respondidas, especialmente sobre a crença de que há uma relação **íntima** entre inteligência e afetividade.

A teoria psicanalítica, também denominada *teoria da personalidade*, busca compreender as forças inconscientes que atuam no comportamento humano. De acordo com Coutinho e Moreira (1998, p. 134), esses processos inconscientes são responsáveis pelas seguinte **ações**: "Transformação da energia instintiva em motivações; [...] Organização estrutural da personalidade; [...] Estágio do desenvolvimento psicossexual".

A psicanálise, então, coloca-se como uma grande força para a compreensão da aprendizagem. Foi, no entanto, a análise dos vínculos afetivos e negativos que um sujeito estabelece com os objetos e as situações do mundo que o cercam, na ótica da psicanálise, aquilo que mais interessou o autor.

• • • • •
7   A denominação *obstáculo epistêmico* surgiu das leituras realizadas por Visca (1994) sobre o **sujeito epistêmico** de Piaget.

Visca (1994) entendeu que esses vínculos podem ser intensos e organizadores de condutas e personalidades e podem levar um sujeito a ter reações com maior ou menor grau de oportunidade para o aprendizado.

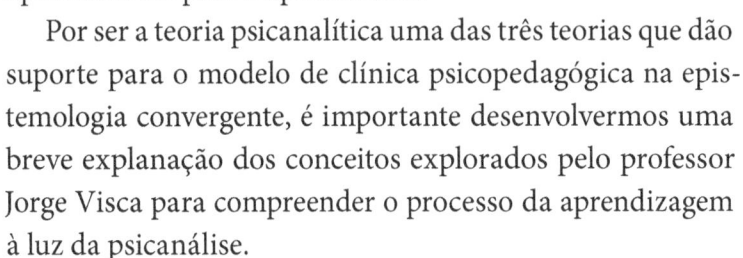

Por ser a teoria psicanalítica uma das três teorias que dão suporte para o modelo de clínica psicopedagógica na epistemologia convergente, é importante desenvolvermos uma breve explanação dos conceitos explorados pelo professor Jorge Visca para compreender o processo da aprendizagem à luz da psicanálise.

2.2.1
Breve histórico da psicanálise e de seus principais conceitos

A psicanálise (ou teoria psicanalítica) foi fundada por Sigmund Freud (1856-1939), um médico austríaco que contribuiu para o entendimento da vida psíquica dos indivíduos. Com base em experiências e em observações das pessoas tratadas por ele, foi possível analisar tudo aquilo que é íntimo, individual ou particular do sujeito por meio da análise de sonhos, lapsos de memória, associações livres, atos falhos e fantasias. Por essa razão, podemos dizer que a psicanálise interpreta o significado oculto das ações e das palavras do sujeito e ajuda-o a conhecer-se melhor.

De acordo com Bock, Furtado e Teixeira (2008), a descoberta do **inconsciente** foi o maior legado deixado por Freud. Com base nessa instância da mente, ele construiu também as ideias de **consciente** e de **pré-consciente**. Vejamos a descrição deles a seguir:

- **Inconsciente** – É o sistema do aparelho psíquico que abriga o campo dos pensamentos, no qual repousam desejos e ações não claramente reconhecidos ou admitidos.
- **Pré-consciente** – É o sistema que mantém os conteúdos acessíveis para a consciência, pois, de alguma forma, eles são possíveis de acessar.
- **Consciente** – É o sistema psíquico que recebe o contato com os mundos exterior e interior do sujeito. É no campo da consciência que percebemos o mundo exterior, raciocinamos e focamos nossa atenção.

Freud, durante seus estudos, desenvolveu um esquema estrutural para explicar a formação da personalidade. São três estruturas, às quais ele chamou de *id*, *ego* e *superego*, responsáveis pela constituição de nossa personalidade. Essas três formações são desenvolvidas, em cada um de nós, durante a infância e estão ligadas aos aspectos da impulsividade, da racionalidade e da moralidade.

De acordo com Bee (1984, p. 257), essas três estruturas básicas buscam a gratificação dos instintos e desenvolvem-se na seguinte ordem: "id, ego e superego". Com base na leitura das considerações da autora citada, podemos entender que:

- **Id** – Aspecto da personalidade aliado aos instintos, fonte da energia psíquica, que opera de acordo com o princípio do prazer. Podemos dizer que é um conjunto de impulsos inatos e quase inconscientes.

- **Ego** – Aspecto racional da personalidade, responsável por orientação, defesa e controle dos instintos de acordo com o princípio da realidade. É responsável também pelo planejamento, pela organização e pelo pensamento.
- **Superego** – Aspecto moral da personalidade, é a introjeção dos valores e dos padrões dos pais e da sociedade. Podemos dizer que é ele quem normatiza e indica o certo e o errado (Bee, 1984).

O conflito entre essas três estruturas gera a ansiedade. Como uma maneira de entender melhor esses conceitos na prática, reflitamos sobre o que diz Bee (1984, p. 257):

> Durante a infância, cada um de nós desenvolve três estruturas de personalidade básicas que atuam na gratificação dos instintos. Estas três estruturas básicas foram chamadas por Freud de id, ego e superego e se desenvolvem na ordem que foram mencionadas. O id é o reservatório da energia instintiva pura e sem inibição. Freud considerava que o id era tudo o que estava presente ao nascimento. O bebê busca a gratificação de suas necessidades de maneira bastante direta. Ele não é capaz de retardar a gratificação. Ele quer o que quer quando quer.
>
> O instinto básico que busca a gratificação permanece como uma parte da personalidade; mas, como gratificação frequentemente pode ser conseguida com mais sucesso através do planejamento, fala, espera e outras técnicas do que através da urgência do instante, a criança gradativamente transfere energia do id para o ego. Nos termos de Freud, o ego é a parte da personalidade que planeja, organiza e pensa. A criança ainda continua tentando conseguir o que quer, mas agora

ela busca gratificação de seus desejos, usando estratégias baseadas na realidade.

Finalmente, há o emprego do superego, que é parecido com o que nós denominamos de consciência. Esta é a parte da personalidade que "monitora" as demais, que decide o que é certo ou errado. É a moralidade internalizada dos pais da criança e da sociedade na qual a criança vive.

Estas três partes da personalidade estão, em certo sentido, numa constante disputa entre si. O id diz "Eu quero agora!" O ego diz "Você pode tê-lo mais tarde" ou "Espere um pouco; nós conseguiremos se fizermos desse jeito". O superego diz "Você não pode ter isso, jamais. É errado".

Davis e Oliveira (1994), acerca dos pressupostos da psicanálise, entendem que, quando nascemos, nossa sobrevivência depende exclusivamente da figura materna, relação essa que é fonte de prazer, uma vez que atende a nossas necessidades biológicas (alimentação, higiene, cuidados essenciais). Assim se constrói o id, estrutura psíquica, ou seja, a energia instintiva. Com o passar do tempo, as outras duas estruturas psíquicas, ego e superego, vão se formando.

> O Ego é a parte da psique que contém as habilidades, os desejos aprendidos, os medos, a linguagem, o sentido de si próprio e a consciência. O Ego é, assim, o elemento de organização da personalidade. Já o Superego, espécie de censura, de controle sobre o poder dos impulsos numa dada situação, é o responsável pelo adiamento do prazer por parte do indivíduo. (Davis; Oliveira, 1994, p. 82)

Na seção seguinte, discutiremos os conceitos psicanalíticos caros ao trabalho psicopedagógico.

2.2.2
Conceitos de psicanálise necessários à epistemologia convergente

É importante ressaltar, neste momento, um repertório de conceitos que a teoria psicanalítica apresenta e que são indispensáveis para o fazer psicopedagógico pela abordagem da epistemologia convergente. A compreensão de algumas dessas definições, com suporte daquelas que vimos até agora, auxiliará a construção dos conhecimentos sobre a teoria proposta por Visca.

Noções que orientam e influenciam condutas e comportamentos

Selecionamos, a seguir, as noções que acreditamos que você precisa conhecer para o trabalho psicopedagógico, uma vez que são conceitos fundamentais para a própria psicanálise, tendo, portanto, norteado o desenvolvimento da teoria psicanalítica.

- **Consciência** – Componente do superego que contém comportamentos e lições construídos pelas sanções e punições que a pessoa recebe.
- **Fixação** – Indica que situações conflituosas, frustrantes ou satisfatórias demais levaram parte da libido a cristalizar-se em determinada fase psicossexual, gerando

comportamentos futuros que, de certa forma, traduzem as sensações experienciadas, boas ou não.
- **Ideal de ego** – Componente do superego que contém os comportamentos morais ou ideais que a pessoa deve vivenciar.
- **Princípio da realidade** – O ego opera para organizar estratégias para aliviar as tensões.
- **Princípio do prazer** – Preceito pelo qual o id opera para evitar a dor e aumentar o prazer.
- **Processo primário** – Raciocínio infantil pelo qual o id tenta satisfazer os impulsos instintivos (ato reflexo, desejo ou fantasia).
- **Processo secundário** – Raciocínio maduro necessário para lidar racionalmente com o mundo exterior.
- **Pulsão** – Força motivadora que impulsiona o comportamento e determina as ações da pessoa. Pode ser entendida também como necessidade biológica com representações psicológicas que precisam ser descarregadas para promover a redução das tensões. Freud amplia o conceito de pulsão, definindo-a em dois tipos:
  1. **Eros** (pulsão de vida) – Processo de assegurar a sobrevivência do indivíduo e da espécie satisfazendo a necessidade de comida, água, ar e sexo. Representado pela **libido** ("desejo" em latim), é a energia psíquica manifestada pelas pulsões de vida que empurram a pessoa para comportamentos e pensamentos prazerosos.
  2. **Tânatos** (pulsão de morte) – Processo inconsciente que direciona para degeneração, destruição e agressão (pode ser autodestrutiva). Por exemplo, compulsão de destruir, subjugar e matar.

Até aqui, traçamos um panorama dos principais conceitos da psicanálise sobre a estrutura e o funcionamento do aparelho psíquico, os quais merecem ser discutidos e pensados, uma vez que, quanto mais clareza tivermos sobre eles, melhor será nossa compreensão sobre a teoria da epistemologia convergente.

Defesa

Um aspecto importante no trabalho psicopedagógico dentro da epistemologia convergente, nesse contexto, é conhecer os mecanismos utilizados pelo ser humano para inibir ou aliviar as tensões ou ansiedades provocadas pelo desprazer que um acontecimento pode trazer, os quais são denominados *mecanismos de defesa*.

> **Importante!**
>
> **Mecanismos de defesa** são estratégias que o ego utiliza para defender-se da ansiedade provocada pelos conflitos da vida cotidiana. Esses processos ocorrem de maneira inconsciente, ou seja, independentemente da vontade da pessoa.

Bleger (1984, p. 136) explica que, para Freud, esses mecanismos de defesa originam-se "dos instintos, da consciência moral (superego) ou da realidade exterior". Porém, Bleger (1984) entende que o conceito estudado por Freud e pela escola psicanalítica pode ser compreendido como *condutas defensivas*. Para ele, as **condutas defensivas** são "técnicas" que a personalidade utiliza para desenvolver-se e ajustar-se.

Conheça os tipos de condutas defensivas descritas por Bleger (1984):

- **Conversão** – Condição típica da histeria que se caracteriza pela conduta na área do corpo que desencadeia sintoma orgânico. Por exemplo, dores em geral diante de um novo desafio.
- **Deslocamento** – Envolve o deslocamento dos impulsos do id, de um objeto ameaçador indisponível ou de parte da realidade, para um substituto disponível. É a conduta mais típica das fobias, de maneira que, ao evitar-se algo ameaçador, faz-se sua transferência para outra circunstância. Por exemplo, medo de altura ou de elevador.
- **Formação reativa** – Podemos dizer que é a deformação da consciência. Envolve a substituição de um impulso por outro oposto àquele que se está realmente sentindo. Por exemplo, uma pessoa que se faz de bondosa quando, na verdade, reprime sentimentos de hostilidade e rancor para com os demais.
- **Inibição** – Ausência da função normal da conduta; provém dos processos internos, de dentro para fora.
- **Introjeção** – É a incorporação ou a assimilação de características ou qualidades de objetos externos ao sujeito, com os quais ele se identifica. Na psicologia social, essa conduta aparece com a denominação de *imitação*. Por exemplo, a criança que imita a professora.
- **Isolamento** – Distanciamento do objeto que causa conflito e ansiedade. Por exemplo, uma criança que não quer mais ir à escola porque a professora é muito exigente.

- **Projeção** – Envolve a atribuição, para objetos externos, de características, intenções e motivações que o sujeito desconhece em si mesmo. Este transfere para os outros atributos que são seus. Por exemplo, o sujeito X considera egoísta um amigo Y, embora o egoísta seja ele mesmo (X).
- **Racionalização** – Envolve a reinterpretação de um comportamento para torná-lo mais aceitável e menos ameaçador. Por exemplo, um estudante que não é aprovado no vestibular e diz que o curso para o qual prestou a prova não é, na verdade, aquele que ele queria.
- **Regressão** – Pode-se dizer que é uma conduta nova, porém moldada em um "reviver" do passado ligado à fase da infância. Esse mecanismo de defesa caracteriza-se por comportamentos infantis. Por exemplo, ao pedir algo para o namorado, uma garota fala como criança; ou, ainda, diante de um desejo não realizado, um adulto age com comportamentos de birra.
- **Repressão ou negação** – Envolve a negação inconsciente da existência de algo que causa ansiedade. Por exemplo, a mãe de um filho que apresenta déficit cognitivo não aceita essa condição e coloca a culpa na escola ou na professora pelo baixo rendimento escolar da criança.
- **Sublimação** – Conduta mais aceitável socialmente, permite a integração e a resolução dos conflitos; o ego bloqueia um desejo e ao mesmo tempo dirige-se a outro conforme padrões sociais. Assim, mantém-se a autoestima e protege-se da autocrítica. Por exemplo, um garoto que se dedica exclusivamente aos estudos porque não tem uma vida social compensatória.

É importante destacar que a utilização de mecanismos de defesa é uma prática cotidiana utilizada por todas nós e não se caracteriza como uma patologia. Nós deformamos a realidade criando uma falsa consciência para afastarmo-nos do sofrimento, do desprazer, da frustração.

Desenvolvimento psicossexual

De acordo com a teoria psicanalítica, o desenvolvimento psicossexual de um indivíduo ocorre em cinco fases, desde os primeiros anos de vida (Bee, 1984). Em cada uma delas, o prazer está ligado à sobrevivência, razão pela qual é encontrado no próprio corpo em decorrência do processo de maturação e se dirige, gradativamente, a outras partes do corpo. E é daí que ocorre a gratificação dos instintos do id que dependem da estimulação de determinadas áreas corporais.

Freud denominou as cinco fases do desenvolvimento psicossexual[8] como: (1) fase oral, (2) fase anal, (3) fase fálica, (4) fase da latência e (5) fase genital, as quais descreveremos na sequência.

Fase oral

Trata-se do primeiro estágio socioemocional da criança. O desenvolvimento nessa fase ocorre pela boca, uma vez que a fome é uma necessidade de sobrevivência. Pressupõe os prazeres que vêm da alimentação. Nesse período da vida, o bebê

---

8 Pichon-Rivière, na construção da teoria do vínculo, apropria-se desse conceito e o destina ao esclarecimento do cone invertido e dos tipos de comunicação que as relações sociais estabelecem (veremos esses pressupostos mais à frente, ainda neste capítulo).

é altamente sensorial, e a região da boca é seu contato com o mundo. Dessa fase derivam dois tipos de comportamento:

1. comportamento oral incorporativo: ingerir;
2. comportamento oral agressivo ou sádico: morder ou cuspir.

Fase anal

No segundo estágio, a fonte de prazer ou zona erógena passa da boca para a região anal. Por meio do treinamento dos hábitos de higiene, há prazer na expulsão ou na retenção das fezes. Implicações emocionais futuras poderão caracterizar-se nos atos de receber, reter, eliminar, tomar, dar etc.

Fase fálica

Nesse estágio, a criança exibe um interesse considerável em explorar e manipular os genitais e em elaborar perguntas sobre sexo. Questões sobre a origem dos bebês e da gravidez são comuns nessa fase. É o momento em que aparece e se resolve o complexo de Édipo para os meninos e para as meninas:

- **Complexo de Édipo para meninos** – Desejo inconsciente do menino pela mãe, acompanhado do anseio de substituir ou destruir o pai. A resolução do conflito ocorre na identificação do menino com o pai.
- **Complexo de Édipo para meninas** – A menina apresenta desejo inconsciente pelo pai, acompanhado pelo anseio de substituir ou destruir a mãe. O conflito é resolvido quando a menina percebe que é a feminilidade da mãe que atrai o pai, razão pela qual passa a imitá-la, introjetando

as características femininas no processo de identificação com a mãe.

Fase de latência

O período da latência refere-se ao momento em que o instinto sexual está aquietado, sublimado em atividades escolares, *hobbies*, esportes e no desenvolvimento de amizades com pessoas do mesmo sexo. Assim, os interesses da criança direcionam-se para atividades sociais, morais e cognitivas. A ligação afetiva com os pais vai se deslocando para fora da família – por exemplo, amigos do mesmo sexo ou professores – e para atividades competitivas e brincadeiras em grupo. Esse é o momento ideal para iniciar-se o processo de alfabetização.

Fase genital

Considerada por Freud a última fase do desenvolvimento psicossexual. Nesse momento, o corpo está amadurecendo fisiologicamente. E, se não ocorrerem fortes fixações em uma fase anterior do desenvolvimento, a pessoa possivelmente será capaz de ter uma vida normal. Para Freud, o conflito durante esse período é menos intenso do que nos outros.

2.2.3
Psicanálise e aprendizagem

Tendo entendido os principais conceitos psicanalíticos, vamos estabelecer agora relações que nos possibilitem entender as contribuições da psicanálise no processo de aprendizagem segundo Visca. Como já foi dito no início deste capítulo,

Visca interessou-se principalmente pelas relações vinculares descritas pela psicanálise. Em seus estudos, ele considerou os vínculos oriundos da protoaprendizagem, enfatizando o surgimento e o desenvolvimento dos primeiros relacionamentos que um indivíduo estabelece. Nesse sentido, interessaram-lhe os contatos elementares com a figura materna, pois eles significam a primeira matriz afetiva que posteriormente se tornará condicionante para o resto da vida, de forma negativa ou positiva.

Na ótica da teoria convergente de Visca, ao longo da vida do sujeito, outros vínculos serão estabelecidos, os quais o autor nomeou como *vínculos posteriores* e *interesses presentes*.

Outro ponto significativo para a epistemologia convergente é a forma como uma criança utiliza argumentos para justificar seus raciocínios. Para Visca (1998), as respostas da criança indicam que há uma forte relação entre afetividade e inteligência. Em um de seus estudos, Visca (1996) menciona a pesquisa de Inhelder, a qual aponta que, em pacientes psicóticos, predomina o argumento da identidade. Poucas vezes os sujeitos estudados utilizaram os argumentos de reversibilidade ou de compensação na prova de conservação da matéria do diagnóstico operatório piagetiano.

Nesse sentido, todas as questões da afetividade interessam à epistemologia convergente, visto que afetam a estrutura cognitiva, as funções e os mecanismos de regulação interna utilizados por um sujeito, gerando obstáculos de aprendizagem.

Visca, por exemplo, denominou o problema de aprendizagem oriundo do aspecto da afetividade de *obstáculo epistemofílico*. Esse termo origina-se da psicanálise e refere-se ao impedimento da aprendizagem em razão do medo do conhecimento. De acordo com Bleger (1998), três tipos de ansiedade surgem desse medo: (1) ansiedade confusional (medo da confusão), (2) ansiedade paranoide (medo do ataque) e (3) ansiedade depressiva (medo da perda). Veja a descrição de cada um desses medos na Seção 3.5.2 do próximo capítulo, no qual aprofundamos o assunto.

Neste ponto, vale lembrar a constatação de Bleger (1998, p. 85):

> Em toda aprendizagem aparecem simultaneamente, coexistindo ou alternando-se, tanto ansiedades paranoides como depressivas: as primeiras pelo perigo que representa o novo e desconhecido, e as segundas, pela perda de um esquema referencial e de um certo vínculo que a aprendizagem sempre envolve. Deve-se graduar a quantidade e o momento da informação para não tornar maciças as ansiedades, caso em que a desorganização pode chegar a uma ansiedade confusional.

A psicanálise foi muito utilizada por Visca também para incluir instrumentos de avaliação e de análise sobre a afetividade e a rede de vínculos de um sujeito no processo do aprender. O autor utilizou-se do recurso denominado *técnicas projetivas psicopedagógicas* para investigar as relações vinculares que um sujeito pode estabelecer nos diferentes âmbitos em que a aprendizagem ocorre durante uma vida: na escola, na família e consigo mesmo – em nível inconsciente, o que é trazido é reconhecido e ignorado pelo nível consciente (Visca, 1997c). As técnicas projetivas psicopedagógicas serão apresentadas no Capítulo 4, no qual trataremos especificamente da atuação psicopedagógica clínica no modelo da epistemologia convergente.

2.3
Psicologia social e a teoria da epistemologia convergente

A psicologia social teve importante influência na fundamentação da teoria da epistemologia convergente, uma vez que estudou a relação entre a estrutura social e a configuração do mundo interno do sujeito. Nesse aspecto, Visca foi influenciado principalmente pelas ideias de Enrique Pichon-Rivière.

Pichon-Rivière (1998), que era psicanalista, propôs-se a estudar a complementação da psicologia social pela psicanálise por meio de investigação do fenômeno social, já que, segundo ele, a psicologia usada nesse fim indica três direções de análise: (1) a psicossocial, (2) a sociodinâmica e (3) a institucional. Nesse sentido, a concepção que o autor tem de ser humano dirige-se à ideia da totalidade: **mente, corpo** e **mundo exterior**.

Podemos reforçar essas convicções de Pichon-Rivière com as declarações que ele deu a respeito da divisão que existe entre sociedade e indivíduo:

> A sociedade está dentro e está fora, mas a sociedade que está dentro o está de uma forma particular para cada indivíduo. Essa é a diferença que existe entre uma concepção dialética da relação entre sociedade e indivíduo e uma relação mecânica

entre indivíduo e sociedade. Podemos levar em conta a ação do meio sobre um indivíduo, bem como a ação do indivíduo sobre o meio, e isso em uma contínua espiral dialética. (Pichon-Rivière, 1998, p. 55)

Com base no exposto, podemos entender que:

- A investigação **psicossocial** analisa a maneira como o sujeito relaciona-se e expressa-se com o mundo exterior e com as diferentes pessoas que o cercam em suas vivências;
- A investigação **sociodinâmica** envolve o grupo familiar e permite a análise dos referenciais estabelecidos para o sujeito e das tensões existentes entre seus membros, incluindo o próprio sujeito;
- A investigação **institucional**, por sua vez, observa e analisa os grupos em que o sujeito está inserido – por exemplo, as circunstâncias culturais, a origem econômica, a fundamentação ideológica e política, entre outros.

Portanto, para Pichon-Rivière (1998, p. 6),

Esta tríplice investigação nos permite obter uma análise completa do grupo que estamos investigando. Analisamos as tensões do paciente com os vários membros do grupo, analisamos o grupo como uma totalidade em si e investigamos as funções do intragrupo, como, por exemplo, as lideranças. Estudamos a influência do pai ou a falta dele, a liderança da mãe, de um tio, de um irmão, de um amigo etc., e vemos de que modo, às vezes, a ruptura ou a perda de prestígio de um líder familiar acarreta a doença de um dos membros que integram tal grupo.

O autor concebeu, nesse contexto, a teoria do vínculo, cujas bases investigativas unem a psicologia social à psicanálise, entendendo que a primeira ocupa-se de estudar o indivíduo como um ser dentro de um grupo, um ser dinâmico, que se inicia na família, contrapondo e unindo, para isso, os referenciais teóricos da psicanálise, os quais, por sua vez, ocupam-se do estudo do ser humano de um ponto de vista intrapsíquico, individual.

2.3.1
Teoria do vínculo

Essa teoria pressupõe que o vínculo pertence ao campo psicossocial das relações interpessoais e, por isso, permite revelar as dificuldades de comunicação que uma pessoa tem, uma vez que é por meio do vínculo que a personalidade de um sujeito se comunica. O vínculo, que mostra a configuração do mundo interno do sujeito, é "uma estrutura dinâmica em contínuo movimento, que engloba tanto o sujeito quanto o objeto, tendo esta estrutura características consideradas normais e alterações interpretadas como patológicas" (Pichon-Rivière, 1998, p. XI).

Importante!

No vínculo, há dois campos psicológicos: um interno e outro externo. O primeiro reporta-se à forma particular e interpessoal do sujeito com ele mesmo; o segundo representa as relações do sujeito com o que está fora dele.

Para Pichon-Rivière (1998), toda pessoa estabelece relações por meio de vínculos mistos, e não apenas por um tipo único. Eles podem ser ora normais, ora patológicos, mostrando as diferentes qualidades que se revelam, como o depressivo, o hipocondríaco ou outros. Os diferentes vínculos estabelecidos com a realidade dependem da demanda que as tensões e os conflitos geram (relações que o sujeito estabelece com o mundo que desencadeiam o tipo de vínculo expressado por meio de condutas).

Dentre os vínculos alterados (patológicos), Pichon-Rivière (1998) apresenta os seguintes:

- **Vínculo depressivo** – Exprime o sentimento de culpa. O centro das emoções expressa-se por aflição moral, remorso e expiação. A relação objetal está cerceada pelo sentimento de culpa e pela preocupação com o que o outro pensa e, por conta disso, com o castigo que será determinado. Surge então o sentimento da necessidade da reparação.
- **Vínculo hipocondríaco** – Pode ser caracterizado por aquela pessoa que privilegia doença, médicos e exames. Nesse caso, o vínculo revela-se por meio do corpo, da queixa de dor e da falta de saúde.
- **Vínculo histérico** – É aquele que se caracteriza pela dramaticidade e pelo apelo ao exagero teatral; o sujeito expressa por meio do corpo fantasias inconscientes e emoções. A preocupação com a estética física extremada também caracteriza esse vínculo, uma vez que o corpo é um componente de sedução.

- **Vínculo obsessivo** – Manifesta-se pela necessidade que o sujeito tem de controle, de ordem e de busca pela perfeição. Esse controle gira em torno de ações ritualísticas.
- **Vínculo paranoico** – É caracterizado pelas extremas reações de desconfiança e de exigência para com os demais.

O vínculo normal, por sua vez, de acordo com Pichon-Rivière (1998), ocorre quando sujeito e objeto têm livre escolha, uma vez que há diferenciação entre ambos. O autor considera "vínculo normal aquele que se estabelece entre sujeito e um objeto quando ambos têm possibilidade de fazer uma escolha livre de um objeto, como resultado de uma boa diferenciação entre ambos" (Pichon-Rivière, 1998 p. XIV).

Despersonalização

Outro elemento estudado por Pichon-Rivière na teoria do vínculo é o processo de **despersonalização**, em que o vínculo é interpretado com base na negação, na perda de si mesmo – a perda do ser. Assim, o sujeito não precisa vincular-se com os objetos que o rodeiam. Vejamos a explicação do fenômeno nas palavras de Pichon-Rivière (1998, p. 13):

> Muitas pessoas recorrem frequentemente à despersonalização diante de vínculos de qualquer espécie, inclusive o normal. Por exemplo, para poder ter uma relação sexual mais ou menos normal ou uma boa potência, um homem pode ter necessidade de se despersonalizar, porque na medida em que se nega e passa a ser outro, pode ter uma boa ereção. O mesmo pode ocorrer diante de algum vínculo regressivo psicótico ou de um outro qualquer. Quer dizer que a despersonalização, quando considerada em termos de vínculo, é um

recurso para o qual o eu apela para se defender, para negar o si-mesmo ou o *self* diante de qualquer vínculo em uma estrutura qualquer e diante de qualquer objeto.

Avançando no conhecimento da teoria do vínculo, na sequência, construiremos o conhecimento sobre outro conceito essencial proposto por Pichon-Rivière: o esquema conceitual, referencial e operativo (Ecro).

Esquema conceitual, referencial e operativo

Todos nós, em nossa história, construímos esquemas que passam a ser referenciais para nossas ações no mundo. Ao conceito que traduz esse comportamento, Pichon-Rivière deu o nome de *Ecro*, sigla utilizada para indicar *esquema conceitual, referencial e operativo*. O Ecro representa nossa história individual, aquilo que influencia nossos conceitos sobre o mundo e nos orienta a agir sobre ele. Pichon-Rivière (1998, p. 56) afirma que "em cada ação do sujeito, em cada conduta, em cada coisa que ele faz ou diz, em cada momento etc., sempre estão incluídos o seu passado, seu presente e seu futuro". Nesse sentido, entendemos que nossas ações revelam esse esquema, independentemente das tentativas de dissimular nossas intenções com discursos preparados.

Bleger (1998, p. 78) afirma que o Ecro "é o conjunto de experiências, conhecimentos e afetos com os quais o indivíduo pensa e atua", razão pela qual pode auxiliar ou prejudicar os processos de aprendizagem de um indivíduo. O esquema referencial deve apresentar-se de forma dinâmica e mutável, pois é uma condição necessária para a aprendizagem;

do contrário, transforma-se em barreira para o progresso vivencial do sujeito.

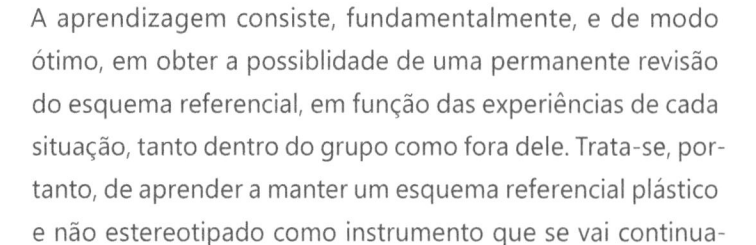

A aprendizagem consiste, fundamentalmente, e de modo ótimo, em obter a possiblidade de uma permanente revisão do esquema referencial, em função das experiências de cada situação, tanto dentro do grupo como fora dele. Trata-se, portanto, de aprender a manter um esquema referencial plástico e não estereotipado como instrumento que se vai continuamente retificando, criando, modificando e aperfeiçoando.

O esquema referencial constitui, em síntese, uma certa integração unitária do mundo e do corpo, e com ele controlam-se tensões e impede-se a irrupção traumática de situações ou fatos novos. (Bleger, 1998, p. 79)

Pichon-Rivière dedicou-se também ao estudo da teoria dos 3 Ds – **d**epositante, **d**epositário e **d**epositado – conceitos que o autor relaciona à teoria do vínculo. Trata-se do processo de comunicação de quem se expressa (depositante) para o outro (depositário) e seus conteúdos internos (depositados). Visca utiliza-se dessas definições para explicar o espaço como uma constante do enquadramento, a essência do processo corretor pela utilização das intervenções subjetivas[9]. Em resumo:

- **depositante** – o sujeito que fala ou se expressa;
- **depositário** – o outro, que recebe a informação;
- **depositado** – os conteúdos internos do sujeito.

• • • • •
9 No Capítulo 4, mostraremos a importância desses conceitos para a epistemologia convergente.

Percebemos, até aqui, a importância de um estudo mais aprofundado da teoria do vínculo, assinalando mais uma vez que o sujeito comunica sua personalidade por meio dos vínculos que estabelece consigo mesmo, com os outros e com os objetos que o rodeiam – aquilo que, em nosso estudo, chamamos de *aprendizagem*.

2.4
Técnica de grupos operativos na teoria da epistemologia convergente

A técnica de grupos operativos foi criada por Pichon-Rivière para trabalhar, como revela o próprio nome, com grupos. O autor define *grupo operativo* como "um conjunto de pessoas com um objetivo comum" (Bleger, 1998, p. 59).

A estrutura de equipe só é conseguida à medida que ela opera. Nesse sentido, grande parte do trabalho do grupo operativo consiste na aprendizagem de atuar como equipe. Conforme os encontros acontecem, aparece a necessidade de recursos e surgem problemas e conflitos que precisam ser conhecidos e superados em uma perspectiva dialética pelo próprio grupo, sem nunca perder de vista o objetivo em razão do qual ele originou-se, bem como a tarefa que deve realizar (Bleger, 1998).

Vejamos o que Pichon-Rivière (2005, p. 136-137) observa sobre o assunto:

As finalidades e propósitos dos grupos operativos podem ser resumidos dizendo-se que sua atividade está centrada na mobilização de estruturas estereotipadas por causa do montante de ansiedade despertada por toda mudança (ansiedade depressiva pelo abandono do vínculo anterior e ansiedade paranoide criada pelo vínculo novo e pela consequente insegurança).

Para Bleger, Liberman e Rolla (2005, p. 125), a técnica de grupos operativos "é interdisciplinar, acumulativa, interdepartamental e de ensino orientado".

Os conflitos e as ansiedades que aparecem no grupo decorrem do Ecro (individual) de cada integrante. Porém, em dado momento, revela-se o Ecro grupal. Em uma equipe, portanto, graças à relação dialética que ela imprime, constrói-se o Ecro grupal – o Ecro individual auxilia a construção do Ecro grupal e este, por sua vez, enriquece aquele. Por essa razão, um grupo caracteriza-se em duas dimensões: (1) a vertical e (2) a horizontal. O Ecro de cada integrante de um grupo indica a verticalidade, ou seja, aquilo que é particular de cada um. A horizontalidade é a dimensão construída por todos como uma equipe, ou aquilo que se tornou comum ao grupo.

No grupo operativo constrói-se paulatinamente um esquema referencial grupal, que é o que realmente possibilita a sua atuação como equipe, com unidade e coerência. Isto não quer dizer que todos pensem igual, o que, em última instância, seria o contrário do que desejamos do grupo operativo. Unidade não significa, em seu sentido dialético, exclusão de opostos, mas, inversamente, a unidade inclui e implica a existência de opostos em seu seio. Esta é a verdadeira unidade de um grupo operativo. O ótimo se dá quando existe uma máxima heterogeneidade dos integrantes com máxima homogeneidade da tarefa. (Bleger, 1998, p. 80)

Cabe ressaltar que cada integrante do grupo operativo "tem uma função e uma categoria determinada" (Pichon-Rivière, 1998, p. 116).

Aplicação da técnica de grupos operativos

A técnica de grupos operativos configura-se como um grupo de pessoas com o objetivo de realizar uma tarefa. Esse grupo é formado por uma equipe de coordenação e pelos demais integrantes. A equipe de coordenação geralmente é composta por três pessoas: um coordenador, um observador de temática e um observador de dinâmica.

A definição e a escolha dos membros da equipe de coordenação devem ser feitas pelos integrantes com base em discussão sobre os objetivos propostos no trabalho que o grupo propõe-se a realizar. Não há relevância para os papéis de coordenação na equipe, uma vez que todos têm o mesmo valor.

Inicialmente, é feito o enquadramento para a organização do trabalho a ser realizado, que se refere aos combinados e às definições – por exemplo, determinar quando e onde vão ocorrer as reuniões, quais elementos serão avaliados e o que será levado para cada encontro. O enquadramento é indispensável inclusive para a equipe de coordenação, que deverá reunir-se previamente para preparar cada encontro.

Em todos os encontros, surgem ansiedades e conflitos, e a nenhum dos integrantes do grupo e aos papéis que desempenham deve ser atribuído juízo de valor – nenhum papel é melhor ou pior que outro, uma vez que são apenas representações necessárias configuradas em momentos específicos da atividade para desencadear reflexão, indagação e problematização dos conteúdos a serem trabalhados pelo grupo. Os acertos na técnica de grupos operativos ocorrem especialmente na circulação dos papéis entre os membros. Se determinados papéis ficarem cristalizados em integrantes do grupo, decorre o fracasso da técnica.

Vejamos quais são os papéis dos componentes de um grupo:

- **Líder de resistência** – É responsável pela manutenção da situação atual.
- **Líder de mudança** – É responsável por encorajar o grupo em direção à mudança.
- **Porta-voz** – Consegue expressar o sentimento ou a ideia do grupo.
- **Bode expiatório** – É colocado como recipiente para receber o lixo advindo do trabalho. Podemos dizer que é aquele que será o "culpado" pela ineficiência do grupo.
- **Sabotador** – É aquele que destrói, inconscientemente, a construção do grupo, ou não deixa que a tarefa aconteça; ele "puxa o tapete do grupo".

Cabe ao coordenador fazer a leitura dos momentos do grupo (horizontalidade) e de cada um dos elementos (verticalidade). Também deve estar claro para o coordenador que, em uma tarefa operativa, o grupo não precisa funcionar de uma forma já determinada ou pensada pela equipe de coordenação – o importante é que seja estimulado a mobilizar forças e a construir as estratégias de ação e, assim, conseguir realizar sua tarefa.

A função do coordenador é operar verbalmente, mediante assinalamentos e interpretações, e, assim, a depender da necessidade do momento, destacar os elementos do enquadramento, centrar-se na tarefa do grupo (que tem a ver com o tema da sessão), explicitar contradições quando isso ajudar o grupo, promover a união do sentido com o pensamento e evitar estereótipos de papéis (Ferreira, 2007-2008). O papel dos observadores, por sua vez, é investigar o transcurso do encontro, organizar os elementos significativos – como situações emergentes e sequência temporal –, entender o grupo como uma estrutura e um sistema e detectar a abertura, o desenvolvimento e o fechamento do encontro.

O desenvolvimento do trabalho de um grupo operativo caracteriza-se pelos seguintes momentos:

- **Abertura** – Pré-tarefa, com uso de defesas: medo do ataque, medo da confusão, medo da perda.
- **Desenvolvimento** – Tarefa, com a recomposição do tema em questão.
- **Fechamento** – Elaboração de um projeto, que pode ser manifesto ou latente.

É importante registrar o tempo de duração dos momentos e redigir uma síntese do que foi ouvido, visto, pensado e sentido (Ferreira, 2007-2008). Os itens básicos a serem registrados são: número de presentes e ausentes, sequência de entrada, primeiras participações verbais e não verbais dos integrantes do grupo, situação emergente de abertura (conversa inicial), prevalência de uma das ansiedades básicas manifestadas, elemento temático ou extratemático (Ferreira, 2007-2008).

Vejamos no Quadro 2.2 como podemos sintetizar as funções específicas da equipe de coordenação.

Quadro 2.2 – Funções dos membros da equipe de coordenação

Membro da equipe	Função
Coordenador	Intervir interpretando o que acontece no grupo em situações de conflito – por exemplo, lembrar o motivo da reunião, assinalar a ligação do tema da sessão (disparador) e o tema do grupo, apontar os possíveis motivos da paralisação do grupo diante da tarefa, ressaltar os papéis assumidos e atribuídos, entre outros (Ferreira, 2007-2008)[10].
Observador da temática	Anotar o que é dito com atenção entre a abertura do trabalho e a verbalização do grupo, o caminho da elaboração dos dados que o grupo fez, os aspectos enriquecedores trazidos pela equipe, os momentos de paralisação e de ligação com o que foi dito, as sínteses produtivas, as pessoas que assumiram esse papel na temática (os falantes) e a sequência dos elementos que aparecem no encontro grupal.

(continua)

• • • • •
10 As intervenções subjetivas descritas no Capítulo 4 são recomendadas nessa modalidade.

(Quadro 2.2 – conclusão)

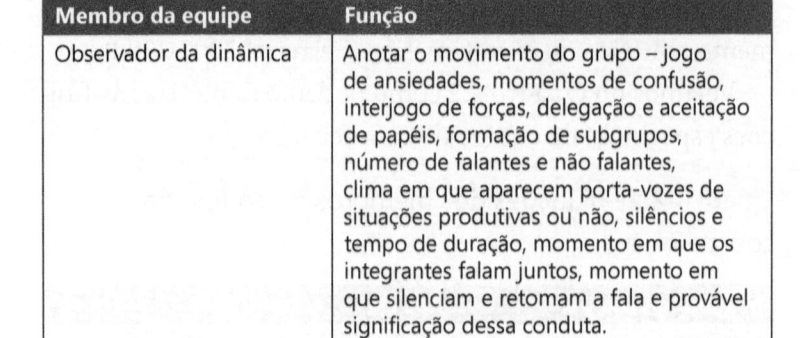

Membro da equipe	Função
Observador da dinâmica	Anotar o movimento do grupo – jogo de ansiedades, momentos de confusão, interjogo de forças, delegação e aceitação de papéis, formação de subgrupos, número de falantes e não falantes, clima em que aparecem porta-vozes de situações produtivas ou não, silêncios e tempo de duração, momento em que os integrantes falam juntos, momento em que silenciam e retomam a fala e provável significação dessa conduta.

Para avaliar os resultados dos grupos operativos, a equipe de coordenação pode utilizar-se do cone invertido, assunto que trataremos a seguir.

Cone invertido

O cone invertido refere-se a um dos conceitos de Pichon-Rivière. Trata-se de um gráfico com a forma de um cone cuja disposição é invertida.

É um instrumento de avaliação que permite a observação de como o grupo opera em seu interior. A utilização dessa ferramenta, de acordo com Visca (1994), serve para avaliar as condutas do sujeito/cliente e do psicopedagogo no processo corretor, assim como o processo grupal quando se trabalha com a técnica de grupos operativos.

O emprego do cone invertido possibilita a avaliação de como o grupo capta a informação, como a assimila e como ela se transforma. Os seis vetores de análise (indicadores de análise) do cone invertido se dividem em três vetores cumulativos e três vetores qualitativos.

Figura 2.1 – Cone invertido

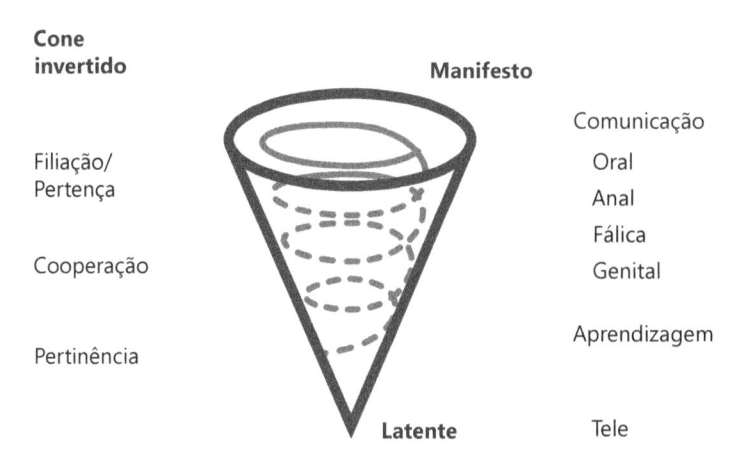

Cone invertido		Manifesto
		Comunicação
Filiação/Pertença		Oral
		Anal
		Fálica
Cooperação		Genital
		Aprendizagem
Pertinência		
	Latente	Tele

Fonte: Elaborado com base em Ferreira, 1998.

De acordo com Visca (1994), no gráfico, os vetores cumulativos ficam dispostos à esquerda do cone e são: **filiação/pertença** ou pertencimento (negativa ou positiva), **cooperação** (negativa ou positiva) e **pertinência** (negativa ou positiva). Por sua vez, os vetores qualitativos estão dispostos à direita do cone e são: **comunicação, aprendizagem** e **tele**.

Descrição dos vetores do cone invertido

Como já dito, o cone colocado de forma invertida é um instrumento de avaliação composto por seis vetores de análise colocados à direita e à esquerda (Figura 2.1). Os vetores da esquerda referem-se aos sentimentos de pertença, às ações de cooperação e à pertinência, que indicam a força com que as ações se realizam.

Os vetores da direita indicam a eficiência ou não da comunicação e da troca de informações – mostrando que a comunicação é um meio utilizado pelas pessoas para emitir mensagens com conteúdos simbólicos (ideias, crenças, valores), verbalizações e gestos (elementos não verbais) –, a aprendizagem (como os sujeitos estão compreendendo a realidade que o cerca), e a *tele* – que, em grego, quer dizer "longe", como em *televisão* ("visão de longe") –, que, no caso do cone invertido, refere-se à distância necessária para a realização de uma tarefa ou aprendizagem.

A **comunicação** pode ocorrer de duas formas:

1. **Comunicação manifesta** – Refere-se à ordem das palavras, ou seja, estabelece-se no caráter sintático, na utilização da semântica (que é a relação entre o gesto e a palavra) e da pragmática (que denota o efeito que a palavra e o gesto representam para o outro). A comunicação manifesta esconde o conteúdo latente.
2. **Comunicação latente** – Pode apresentar-se de quatro maneiras distintas:
    I. **Comunicação oral** – Sugadora: o sujeito fica quieto para ouvir os outros.
    II. **Comunicação anal** – Apresenta-se carregada de ironia e sarcasmo.
    III. **Comunicação fálica** – É carregada de agressividade e não permite ao sujeito ouvir o outro.
    IV. **Comunicação genital** – Não descarta as comunicações anteriores. Mostra-se quando o sujeito consegue escutar e ser ouvido e estabelece-se na troca entre as pessoas (Curso, 1998).

A **aprendizagem** ocorre quando há o reconhecimento e a apreensão da realidade. A **tele**, por sua vez, é a distância necessária do objeto.

Para Bock, Furtado e Teixeira (2008), o trabalho clínico voltado para a técnica de grupo operativo auxilia o terapeuta a perceber o nível de fantasias e de simbolismos nas relações pessoais. "Por meio de sua aplicação, é possível acompanhar determinado grupo durante a realização de tarefas concretas e avaliar o campo de fantasias e simbolismos encobertos nas relações pessoais e organizacionais de seus diferentes membros" (Bock; Furtado; Teixeira, 2008, p. 231).

Síntese

Neste capítulo, você observou que a teoria psicogenética desenvolvida por Piaget compõe o arcabouço teórico que ajuda o psicopedagogo a compreender o desenvolvimento cognitivo.

A teoria psicanalítica, por sua vez, auxilia a compreensão das fases do desenvolvimento emocional, os comportamentos e as reações que, diante de conflitos, muitas vezes, as pessoas manifestam por meio de mecanismos de defesa. Além disso, você percebeu que a dinâmica dos vínculos que os sujeitos estabelecem em suas relações sociais é importante no processo de aprendizagem.

Indicações culturais

FREUD: além da alma. Direção: John Huston. Estados Unidos: Versátil, 1962. 140 min.

O filme conta a história do jovem Sigmund Freud, o início da construção da teoria psicanalítica e a elaboração de seus principais conceitos. Também retrata o desafio de Freud ao ter suas ideias, avançadas para a época, rejeitadas pela comunidade médica.

UMA LIÇÃO de amor. Direção: Jessie Nelson. Estados Unidos: New Line Cinema, 2002. 132 min.

Sam Dawson, um pai que apresenta um obstáculo epistêmico para a aprendizagem, toma conta de sua filha Lucy com a ajuda de um grupo de amigos. Quando Lucy faz sete anos e começa a ultrapassar seu pai intelectualmente, o vínculo entre ambos é ameaçado, já que a vida nada convencional que eles levam chama a atenção de uma assistente social que quer que Lucy seja colocada em um orfanato.

TAXI Driver. Direção: Martin Scorsese. Estados Unidos: Columbia Pictures, 1976. 113 min.

O jovem Travis Bickle tem dificuldade para se sentir aceito pela sociedade. Uma vez que sofre de insônia, resolve trabalhar à noite, como motorista de táxi. A profissão mostra-lhe o lado oculto da sociedade e coloca-o diante de conflitos morais e emocionais. O filme aborda temas como a solidão e a degeneração da sociedade e, de certa forma, versa sobre patologias de vínculo, como a depressão e a paranoia, além de retratar a exclusão social, o preconceito e a procura de um sentido existencial.

Atividades de autoavaliação

1. Com base nos pressupostos estudados no capítulo, analise as seguintes afirmações.
   I) A psicanálise interpreta o significado oculto das ações e das palavras do sujeito e ajuda-o a conhecer-se melhor.
   II) O nível da protoaprendizagem, no esquema evolutivo da aprendizagem, refere-se à sobrevivência do sujeito e aos primeiros cuidados de que ele necessita. A psicanálise indica que a figura materna é fundamental na construção do id, primeira estrutura psíquica na formação da personalidade.
   III) Mecanismos de defesa ou condutas defensivas podem ser considerados estratégias que o ego usa para aliviar a ansiedade diante de um conflito.
   IV) A compreensão dos vínculos que um sujeito estabelece com a aprendizagem é indispensável para a utilização de técnicas projetivas na avaliação psicopedagógica, tarefa para qual a psicanálise dá sustentação teórica.

   A teoria psicanalítica como suporte para a teoria da epistemologia convergente é possível em razão do que é exposto nas seguintes afirmações:

a) Apenas a III.
b) I, II e III.
c) II, III e IV.
d) I, II, III e IV.
e) II e IV.

2. De acordo com a teoria psicanalítica, o desenvolvimento psicossexual ocorre em cinco fases. Relacione as fases com suas respectivas definições.

I) Fase oral
II) Fase anal
III) Fase fálica
IV) Fase da latência
V) Fase genital

( ) A região do ânus passa a ser uma zona erógena por causa da expulsão ou da retenção das fezes.
( ) O corpo está amadurecido fisiologicamente.
( ) Ocorre pela boca uma forma de prazer, pois a necessidade do alimento garante a sobrevivência.
( ) A curiosidade sobre as questões de sexo e a diferença entre os gêneros ficam em evidência.
( ) A energia libidinal dá espaço para os interesses voltados a amizades e a questões morais e cognitivas.

Assinale a alternativa que apresenta a sequência correta:

a) IV, II, I, V, III.
b) II, V, I, III, IV.
c) V, II, I, IV, III.
d) II, IV, I, III, V.
e) I, II, III, IV, V.

3. O francês Pichon-Rivière desenvolveu um estudo sobre o trabalho em grupo com base em fundamentos psicanalíticos. Sobre os estudos e as conclusões do autor a respeito desse trabalho, analise as seguintes afirmações.
   I) O trabalho com grupos desenvolvido por Pichon-Rivière denomina-se *grupos operativos*.
   II) A teoria do vínculo desenvolvida por Pichon-Rivière fundamentou a proposta de trabalho de grupos operativos e a teoria da epistemologia convergente.
   III) Não se deve avaliar o que pode emergir como fantasias do grupo durante a execução de uma tarefa.
   IV) A investigação sociodinâmica envolve o grupo familiar e ajuda a analisar as tensões que existem entre seus membros, incluindo o próprio sujeito avaliado.
   V) Somente algumas pessoas estabelecem relações por meio de vínculos, e todo vínculo é normal.

   Assinale a alternativa que apresenta as afirmações corretas:
   a) I, II e V.
   b) I, III e IV.
   c) I, II e IV.
   d) II, III e V.
   e) III, IV e V.

4. Analise as afirmações a seguir e marque V para as verdadeiras e F para as falsas.
   ( ) O desenvolvimento mental, de acordo com Piaget, é uma equilibração progressiva, ou seja, uma passagem contínua de um estado de menor equilíbrio para um estado de equilíbrio superior.

( ) Podemos chamar de *adaptação* o equilíbrio das assimilações e das acomodações da ação do pensamento.
( ) Graças à linguagem da criança no período sensório-motor, as condutas infantis são profundamente modificadas.
( ) Segundo a teoria de Piaget, o conhecimento não é inato ou pré-formado e também não é fruto exclusivo de experiências.
( ) No desenvolvimento humano, a divisão em faixas etárias é uma norma rígida para Piaget.

Assinale a alternativa que apresenta a sequência correta:

a) V, V, V, F, F.
b) V, V, F, F, F.
c) V, V, V, V, V.
d) F, V, V, F, F.
e) F, F, F, F, F.

5. De acordo com os estudos de Piaget, relacione os períodos de desenvolvimento da inteligência com suas características.
I) Período sensório- motor
II) Período pré-operatório
III) Período das operações concretas
IV) Período operatório formal

( ) De 12 anos em diante, ocorre a reestruturação das operações concretas; assim, o sujeito é capaz de raciocinar sobre o possível baseado em formulações de hipóteses.

( ) Período anterior à linguagem, no qual as ações reflexas darão lugar a esquemas; nessa etapa, constrói-se a noção de objeto permanente.
( ) Aparecimento de diversos aspectos da inteligência: linguagem, inteligência intuitiva, egocentrismo, imitação diferida, imagem mental e desenho.
( ) Domínio da conservação, da lógica de classes e das relações entre elas; ocorrem as operações reversíveis.

Assinale a alternativa que apresenta a sequência correta:

a) IV, II, I, III.
b) II, I, III, IV.
c) II, I, IV, III.
d) II, IV, I, III.
e) VI, I, II, III.

Atividades de aprendizagem

Questões para reflexão

1. Elabore um quadro e liste as contribuições das três teorias (psicanálise, psicogenética e psicologia social) que deram suporte teórico para a psicopedagogia clínica no modelo da epistemologia convergente.

2. Reflita sobre as semelhanças teóricas entre os postulados de outros autores – por exemplo, Melanie Klein, Margareth Mahler, René Spitz, Eric Erikson, Donald Winnicott, Arnold Gesell, Henri Wallon e Vitor da Fonseca – e aqueles aqui trabalhados. Como elas seriam utilizadas de forma que pudessem ser parte da epistemologia convergente?

3. Explique a frase: "O que João fala de Pedro fala mais de João do que de Pedro".

Atividade aplicada: prática

1. Observe uma criança na faixa entre 2 e 5 anos e relate quais características você reconhece e relaciona com as teorias piagetiana e psicanalítica.

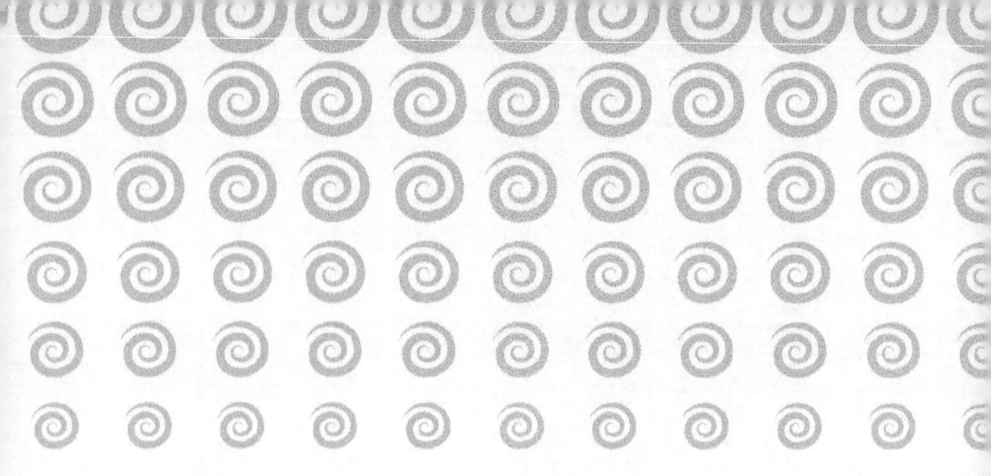

3
Concepções de aprendizagem e a epistemologia convergente

> Quando acordei hoje de manhã, eu sabia quem eu era, mas acho que já mudei muitas vezes desde então.
>
> *Lewis Carroll, Alice no país das maravilhas*

Pensar na aprendizagem e no processo de aprender é fundamental para compreendermos a condição humana. É isso que buscaremos realizar neste capítulo, baseando-nos em reflexões fundamentadas em processos históricos, filosóficos e psicológicos e oferecendo uma revisão dos conceitos das teorias inatista, ambientalista e construtivista. Em outro momento, explicaremos como o professor Jorge Visca concebeu a ideia de aprendizagem como um processo de construção no qual interagem a cognição, a afetividade e o meio social.

Além disso, veremos as quatro unidades de análise da aprendizagem descritas por Visca: (1) o indivíduo, (2) o grupo, (3) a instituição e (4) a sociedade. Também observaremos que esse professor estabeleceu o problema da aprendizagem por meio de um modelo de nosografia[1] pertinente a seus pontos de vista. Com base nessa reflexão, analisaremos as três causas patológicas que impossibilitam a aprendizagem – caracterizadas fielmente aos conceitos da epistemologia convergente – como os obstáculos epistêmico, epistemofílico e funcional.

3.1
Aprendizagem e processo de aprender

Aprender[2] é uma condição de sobrevivência para a espécie humana. Para Claxton (2005, p. 16), aprender "é parte da

• • • • •
1   *Nosografia* é a "Representação escrita, exposição, descrição ou classificação das doenças" (Nosografia, 2020).

2   Vale lembrar: neste capítulo, como no restante do livro, privilegiamos a utilização do termo *aprender* ("adquirir conhecimento") por entendê-lo como uma operação anterior ao *conhecer* ("ter noção ou informação de algo, saber").

nossa natureza", é a característica que mais distingue os humanos dos outros seres vivos menos complexos, porque chegamos ao mundo como seres inacabados, tornamo-nos eternos aprendizes e isso nos leva a ter o "mais longo aprendizado de todas as criaturas" (Claxton, 2005, p. 16).

Somos os seres mais privados de desenvolvimento ao nascer, razão pela qual precisamos de cuidados para mantermo-nos vivos e garantir a perpetuação da espécie. Para tanto, no início de nosso desenvolvimento, contamos com apenas algumas condutas inatas muito rudimentares – são as leis biológicas atuando: recebemos, como "meios de salvação", a sensação de fome, o olfato, a possibilidade do choro, mas não temos memória de passado nem perspectiva de futuro – nosso presente é incerto. É o cuidado e a atenção do outro que tornam possível a sobrevivência, ao contrário de muitos animais que, logo depois do nascimento ou após pouco tempo de vida, dependem de si mesmos para viver. Isso quer dizer que estamos condicionados a aprender para garantir nossa sobrevivência. Segundo Claxton (2005), é graças à maneira pela qual moldamos nossas mentes e nossos hábitos, combinando competências[3] e necessidades que recebemos ao nascer, que constituímos a aprendizagem[4].

• • • • •
3 Entendemos *competência* com o sentido de "capacidade", tal como explica o Dicionário Aurélio: "Qualidade de quem é capaz de apreciar e resolver certo assunto, fazer determinada coisa: capacidade, habilidade, aptidão" (Ferreira, 1988, p. 164).

4 Claxton (2005, p. 16) afirma que "chegamos ao mundo com a competência para – e a necessidade de – moldar nossas próprias mentes e hábitos a fim de ajustá-los aos contornos deste mundo em que nos encontramos".

Em nosso entender, as competências são garantidas pelas funções biológicas e as necessidades suscitadas pelo ambiente em que estamos inseridos. Com efeito, Pozo (2005, p. 36) afirma que a "aprendizagem é uma função biológica desenvolvida nos seres vivos de certa complexidade", pois um organismo produz alterações internas quando há mudanças ambientais. Essas transformações serão conservadas para novas interações com o ambiente, o que exigirá diferentes sistemas de memória ou representação de complexidade crescente.

Essa representação de complexidade crescente é entendida aqui como as possibilidades que o ser humano tem de simbolizar, criar, dominar e difundir signos e símbolos. O homem cria a cultura, que é o somatório de valores construídos por determinada sociedade e que se mantém por meio das tradições ao longo de gerações com ajuda das representações construídas, incluindo a memória.

A função representacional é uma característica particular da mente humana. Pozo (2005, p. 63-64) menciona que é a função representacional que diferencia os sistemas cognitivos daqueles físicos ou biológicos e que "somente os sistemas cognitivos aprendem, uma vez que aprender é adquirir e modificar representações sobre o mundo (externo e interno)".

Podemos dizer, então, que uma representação mental é resultado de um processo de aprendizagem, a maneira como o ser humano age e porta-se em suas experiências. Ele constrói e compreende a realidade para atuar nela, estabelecendo representações mentais sobre o seu entorno, o que o caracteriza como um sujeito cognoscente, apto para conhecer e fazer interações com as coisas a seu redor.

A esse respeito, Delval (2001, p. 46-47) esclarece que

> Os modelos mentais ou as representações começam a formar-se desde muito cedo e modificam-se à medida que se amplia a experiência do sujeito, sendo substituídos por outros melhores, ou seja, com mais poder explicativo. São como referenciais que organizam os elementos e que se compõem deles. Desse modo, a modificação de esquemas irá influir sobre os modelos nos quais estão inseridos, como também influem sobre os conceitos. E, por sua vez, as modificações nos modelos podem inserir modificações nos esquemas.

Essas colocações dão lugar a uma série de questionamentos, como:

- Quais são os processos mentais responsáveis pela função representacional, ou seja, pelo processo de aprendizagem?
- Quais são os processos de aprendizagem envolvidos na relação de interação entre o sujeito e o meio?
- Como o ser humano aprende?
- Quais são os processos que viabilizam as estruturas mentais que o sujeito utiliza para aprender?

Teorias baseadas nos processos históricos, filosóficos e psicológicos foram construídas para tentar explicar como o fenômeno do aprender acontece. Muitas delas têm alicerce epistemológico no empirismo, no inatismo e no interacionismo construtivista, cuja descrições mostraremos a seguir.

As teorias fundamentadas no empirismo ressaltam o papel que o meio desempenha no fenômeno do aprender. Apoiados nessa ideia, os empiristas acreditam ser a sensação o principal veículo que leva o ser humano a apreender e a compreender a realidade. De acordo com Becker (2001), depreendem-se desse pressuposto as considerações da psicologia no associacionismo em geral, no behaviorismo e no neobehaviorismo.

Por sua vez, as teorias baseadas no inatismo, ao contrário do empirismo, veem no sujeito o veículo para compreender e apreender a realidade. É o sujeito que, por meio do que lhe é dado ou herdado ao nascer, *a priori* age sobre o mundo. Aportes da psicologia da Gestalt e mentores da Escola Nova encontram nesse pressuposto a sua fundamentação, conforme Becker (2001).

Nem ao meio nem ao sujeito atribui-se o aprender. É pela interação entre ambos que ocorrem a apreensão e a compreensão da realidade, afirma a teoria interacionista do tipo construtivista. Becker (2001) aponta que o suporte desse modelo encontra-se na psicologia genética de Piaget.

Como visto, para explicar o processo de aprender, podemos recorrer a qualquer uma das três vertentes a fim de compreender como possivelmente ocorrem os processos de desenvolvimento mental de um ser humano e como esses processos relacionam-se com a aprendizagem humana.

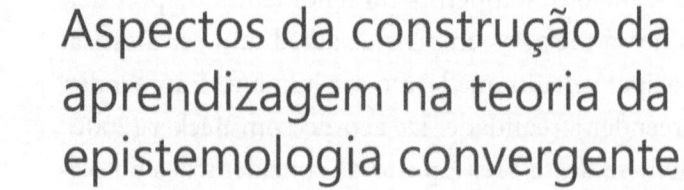

3.2
Aspectos da construção da aprendizagem na teoria da epistemologia convergente

Visca (1998, p. 22, tradução nossa) "concebe a aprendizagem como uma construção intrapsíquica com continuidade genética e diferenças evolutivas resultantes das pré-condições energético-estruturais do sujeito e as circunstâncias do meio". Com base nas ideias desse autor, compreendemos que o processo de aprendizagem é uma construção mental que se amplia a cada interação do sujeito com seu meio e deriva do nível das ações que sua estrutura cognitiva permite em dado momento.

Quando Visca se refere à "construção intrapsíquica com continuidade genética", busca fundamentação nas ideias de Piaget; quando fala em "precondições energético-estruturais", remete-se aos constructos da escola psicanalítica – em especial ao conceito de desejo; e, quando menciona "circunstâncias do meio", podemos inferir que ele se refere aos aspectos sociais e contextuais em que o sujeito está inserido – aqui, os aportes teóricos devem ser buscados na psicologia social e na teoria do vínculo criada por Pichon-Rivière.

Visca, como temos visto até agora, integra as contribuições das escolas psicanalíticas, piagetianas e da psicologia social de Pichon-Rivière, as quais adotam, a depender da necessidade interpretativa, princípios estruturalistas, construtivistas e interacionistas.

Silva (2010), ao fazer reflexões sobre a fundamentação teórica da psicopedagogia, ratifica as ideias de Visca relacionadas à integração dos postulados da psicanálise, da epistemologia genética e da psicologia social na elaboração do conceito de aprendizagem.

> Essa convergência é possível, segundo Teixeira e Genescá (1987), porque existem princípios que são adotados pelas três escolas. São eles: "*estruturalista* (a realidade é vista como uma rede de relações que produzem estruturas, as totalidades que são sistemas e, como tal, possuem suas próprias leis e propriedades, independentemente das propriedades dos elementos que as constituem); *construtivista* (todo desenvolvimento é uma construção que se faz por permutas entre o sujeito e o meio por complexidade crescente em busca de um equilíbrio mais móvel ou de maior nível de integração); e interacionista (é na interação dialética que se constroem o sujeito e o objeto) [...]". (Silva, 2010, p. 27)

Portanto, são estruturalistas porque compreendem a realidade permeada por uma rede relacional que produz estruturas, leis e características próprias; são construtivistas porque acreditam que o desenvolvimento cognitivo é uma construção que ocorre na interação do sujeito com o meio; e são interacionistas porque pressupõem que sujeito e objeto constituem-se dialeticamente[5].

• • • • •
5 A dialética requer o diálogo entre os contrários – podemos dizer que se trata de um processo gerado por contrapontos e oposições.

Cognição

A **cognição** refere-se às habilidades mentais de um sujeito. Trata-se do raciocínio e possibilita a formulação de ideias e pensamentos e a construção de conhecimento. Assim, de acordo com os postulados piagetianos, o indivíduo aprende conforme sua estrutura cognitiva, em interação com os ambientes que ele frequenta, permite.

Para Silva (2010), um sujeito em processo de construção do conhecimento é um ser cognoscente[6], que se utiliza de ações que lhe possibilitam perceber, discriminar, organizar, conceber, conceituar e enunciar. Aqui, entende-se que, se uma pessoa não consegue realizar as ações descritas, seus processos cognitivos estão comprometidos e por isso ela apresenta um déficit em sua capacidade de aprender.

Visca (citado por Gl2, 1999, p. 38), em uma de suas aulas, explica que

> para aprender é necessário se fazer uma leitura da realidade. Por exemplo, quando nós subimos em um prédio, gradativamente temos uma visão cada vez mais ampla, mais aprofundada. Ao nível da inteligência, também. Alguns objetos serão visualizados à medida que atingimos um "x" andar intelectual.

Emoção

Os aspectos **emocionais** envolvem a presença do inconsciente no ato de aprender. Eles estão ligados ao desenvolvimento afetivo e à influência deste no processo de construção do

---

6 Trata-se do "ser em processo de construção do conhecimento" (Silva, 2010, p. 30).

conhecimento e no desempenho escolar. Weiss (1997, p. 23) acredita que "o não aprender pode, por exemplo, expressar uma dificuldade na relação da criança com a sua família, será o sintoma de que algo vai mal nessa dinâmica".

Os interesses e as motivações são aspectos importantes a serem considerados no ato do aprender – para Visca (1994), são motores da conduta. Um sujeito, colocado diante de uma situação de aprendizagem em que sua estrutura cognitiva não permita avanço, pode desmotivar-se e responder com comportamentos que revelam ansiedades confusionais, paranoides ou depressivas, o que pode se transformar em obstáculo de aprendizagem.

Zelan (1993, p. XI, grifo do original) pode nos orientar melhor nesta ideia quando diz que "há dois tipos de crianças que não aprendem: as que **não conseguem** aprender por causa de um déficit físico real e as que **optam** por não aprender porque aprender ativa nelas algo que desejem evitar".

Sociedade

Os aspectos **sociais** referem-se às questões relacionadas à sociedade, isto é, são aspectos culturais e coletivos em dependência dos quais o sujeito nasce e com os quais ele vive. Nesse cenário, encontram-se a família e a escola, além de todas as referências culturais, ideológicas e econômicas do sujeito. Dessa forma, envolve questionamentos como: Que demandas sociais são perspectivas e expectativas do sujeito? Aprender para quê? Aprender para ser "alguém na vida"?

Esse contexto também pode ser explicado como a dimensão relacional, contextual e interpessoal do ser cognoscente, como elucida Silva (2010). Para essa autora, tal dimensão depreende-se em dois aspectos importantes e distintos: (1) a relação contextual e (2) a relação interpessoal. "A dimensão relacional contextual é constituinte no processo de construção do conhecimento, na medida em que o ser cognoscente é um ser social **contextualizado**, ou seja, determinado pelas condições materiais de existência em que vive na sociedade" (Silva, 2010, p. 34, grifo do original). E a dimensão relacional interpessoal também é constituinte no processo de construção do conhecimento porque o ser cognoscente estabelece relações com os outros. Portanto, a construção do conhecimento ocorre em determinados tempo e espaço conforme as demandas do mundo em que vivemos.

3.3
Aprendizagem como momento de construção

Em um dos seus livros, Visca (1997b) dissertou sobre uma das crenças que tinha a respeito do processo de aprendizagem como um momento de construção. Suas palavras demonstraram preocupação com questões relacionadas à América Latina – como a aprendizagem e o potencial que o povo que vive nessa região tem para transformar suas realidades. Nesse texto, o autor ressaltou o valor da liberdade, seu respeito pelo ser humano e pela democracia e, especialmente, colocou-se como sujeito da aprendizagem quando disse ter fé no futuro da população latino-americana.

Visca (1997b) também reforçou a própria crença na concepção construtivista e pressupôs que as mudanças sociais necessárias ocorreriam quando houvesse maior compreensão de que os erros são importantes no processo de aprendizagem de um sujeito e de um povo, uma vez que desempenham papel fundamental na correção dos problemas e nas tomadas de decisão, indicando novas direções.

O autor acreditava que a psicopedagogia pertence a vários grupos de indivíduos – crianças, adolescentes, adultos e idosos – e pressupunha que, como o objeto de estudo dessa ciência é a aprendizagem, é possível desencadear unidades de análise para entender como ocorre seu processo, uma vez que ela não acontece só no indivíduo – o seu entorno também aprende (Visca, 1997b). Desse modo, um indivíduo só existe porque há um grupo, uma instituição e uma comunidade, ou seja, nesse sentido, todos são sujeitos da aprendizagem.

Com base nisso, Visca (1997b) apresentou quatro elementos como unidades de análise da aprendizagem:

1. o **indivíduo**;
2. o **grupo**;
3. a **instituição**;
4. a **comunidade**.

Vejamos a Figura 3.1.

Figura 3.1 – Unidades de análise da aprendizagem

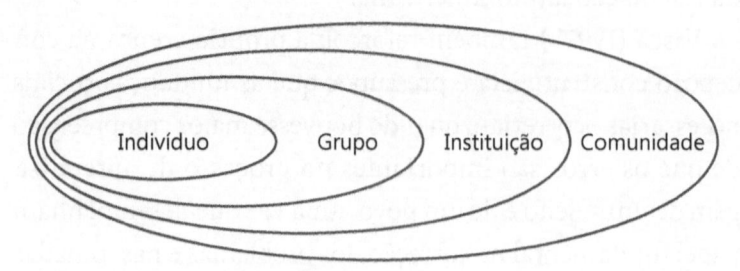

[Diagrama com elipses concêntricas: Indivíduo, Grupo, Instituição, Comunidade]

Fonte: G12, 1999, p. 4.

Entendemos que, embora um indivíduo (e seu desenvolvimento na aprendizagem) possa ser estudado isoladamente do grupo a que pertence, as outras unidades de análise também podem ser consideradas, pois reagem como um organismo, ainda que cada uma apresente diferentes graus de complexidade em relação às demais.

3.3.1
Aprendizagem do indivíduo

Quando entendemos a aprendizagem como um momento de construção do ponto de vista do indivíduo, devemos considerar que esse processo ocorre em três dimensões: (1) momento de construção no nível da integração psicossocial; (2) momento de construção preexistente seguida por outros (podem ser outras pessoas ou outras aprendizagens); e (3) momento de construção constituído de uma estrutura interna.

Aprendizagem como momento de construção no nível da integração psicossocial

Estudando o indivíduo isoladamente de seu grupo, entendemos que, em seu processo de aprendizagem, ocorre integração psicossocial, ou seja, todos os objetos que o rodeiam relacionam-se entre si e com o próprio sujeito.

Conforme Visca (1997b), com base na teoria evolucionista, é possível compreender que os elementos que compõem o nosso planeta – as pedras, as plantas, os animais e os seres humanos – passam pelos processos de integração em maior ou em menor grau de complexidade. Essa integração depende da composição e da característica de cada ser e ocorre em níveis físico, químico, biológico e psicológico.

Figura 3.2 – Precondições para a aprendizagem

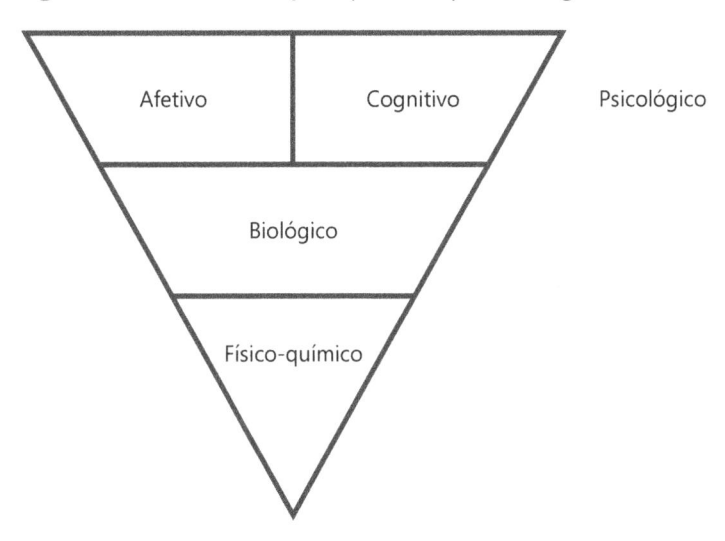

Afetivo | Cognitivo | Psicológico
Biológico
Físico-químico

Fonte: G12, 1999, p. 5.

Entendemos, nesse caso, que o ser humano corresponde a uma existência material: é um ser biológico que alcança também o nível da integração psicológica e está inserido em determinado contexto social. Ninguém aprende de forma isolada, uma vez que existe a interação entre os sujeitos e é por meio da integração psicológica (no nível psicossocial) que acontece a construção das dimensões afetiva (ou energética), cognitiva e social.

É a interação social que permite a relação de trocas entre os seres humanos e é por meio dela que o homem pôde manter (e ainda mantém) conhecimentos ativos, sem haver a necessidade de construção e reconstrução constantes. De certa forma, já existem aprendizagens, conceitos, fórmulas e respostas prontas construídas pela humanidade.

Aprendizagem como momento de construção preexistente e seguida por outros

A aprendizagem pode ser seguida pelos outros (podem ser outras pessoas), sendo construída pela humanidade e passada de geração a geração[7]. Com base nos referenciais teóricos das concepções estruturalista, construtivista e interacionista, compreendemos que a aprendizagem é um processo intrapsíquico que se configura em um esquema evolutivo. Ela não acontece por acaso ou isoladamente, mas depende de condições cognitivas e afetivas dos indivíduos e ao mesmo tempo produz-se na interação com o ambiente social e manifesta-se por meio de ações.

• • • • •
7   Outras pessoas já construíram os saberes e as respostas de que já dispomos. As necessidades nos fizeram construir conhecimentos.

Do ponto de vista da abordagem construtivista, algumas condições prévias – como a estrutura cognitiva e a afetividade – garantem o processo de aprendizagem. É a interação dessas duas dimensões que provoca novos saberes.

A estrutura cognitiva revela-se pela capacidade lógica e pelas estratégias utilizadas nos processos de construção do conhecimento. A afetividade, por sua vez, caracteriza-se pelo investimento emocional direcionado à apreensão dos conteúdos que se transformarão em estruturas e em motivação para novas aprendizagens.

Para concluir, vale dizer que a aprendizagem é a sintese da relação dialética entre os conhecimentos prévios e as circunstâncias do meio[8].

Aprendizagem como momento de construção constituído de uma estrutura interna

Com base na epistemologia genética, podemos dizer que a aprendizagem é um momento de construção porque tem uma estrutura que promove o próprio avanço. O processo de construção da identidade acontece ao mesmo tempo que o processo da construção do real, do mundo externo. Quando faz uma leitura da realidade, o indivíduo emprega estratégias decorrentes de sua capacidade cognitiva.

De acordo com Visca (1997b), Piaget considera que a conduta apresenta, como vimos nos Capítulos 1 e 2, a seguinte estrutura de nível: indiscriminação, dissociação e integração.

- - - - -
8 Essa afirmação, vale ressaltar, serve para todos os momentos.

Figura 3.3 – Unidade de análise da conduta

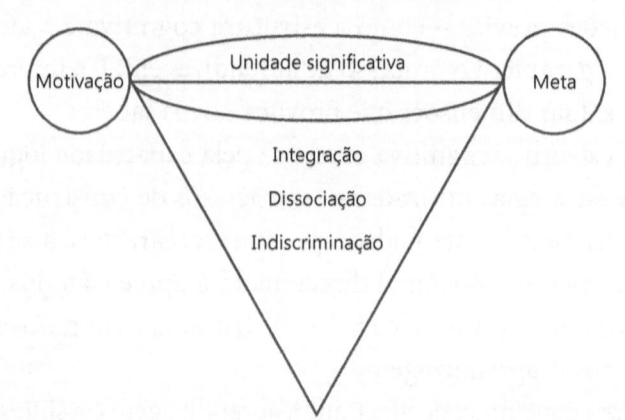

```
         Unidade significativa
Motivação ━━━━━━━━━━━━━━━━━━━━ Meta
    \       Integração         /
     \      Dissociação       /
      \    Indiscriminação   /
       \                    /
        \                  /
         \                /
          \              /
           \            /
            \          /
             \        /
              \      /
               \    /
                \  /
                 \/
```

Fonte: Visca, 1997b, p. 51, tradução nossa.

Assim, uma conduta ocorre por meio de quatro aspectos: (1) motivação, (2) unidade funcional ou meta, (3) unidade significativa e (4) estrutura.

3.3.2
Aprendizagem relativa a grupos, instituições e comunidade

Para Visca (1997b), os grupos, as instituições e a comunidade também são organismos que aprendem, pois, tal como ocorre com a aprendizagem do indivíduo, representam, respectivamente, três níveis de integração e também pertencem à estrutura psicossocial. O grupo deve ser entendido como totalidade, e não simplesmente como soma de indivíduos. Em um grupo encontramos os aspectos afetivos e cognitivos de cada sujeito, os quais produzem fenômenos intragrupais e interpsíquicos – o mesmo acontece nas instituições e na comunidade.

Desse ponto de vista, podemos verificar que o primeiro nível de integração, o grupo, é formado por um conjunto de indivíduos que agem e atuam entre si de forma coletiva em um sistema ativo.

Visca (1997b) aponta que processos interpsíquicos e intragrupais ocorrem em um primeiro nível. Eles apresentam graus de estabilidade e são comportamentos únicos que, quando observados, formam uma totalidade. Por meio da análise do comportamento, é possível observar como o grupo apresenta desequilíbrios que surgem pelas mudanças, necessitando da reequilibração ancorada em estruturas anteriormente construídas. É importante ressaltar que os modelos de motivação, de unidade significativa e de meta utilizados para a aprendizagem individual também são usados no processo de aprendizagem grupal.

Por sua vez, em um segundo nível de integração, a aprendizagem apresenta-se no âmbito institucional em decorrência da maneira como o grupo opera ao longo do tempo. São as formas de funcionamento do grupo que facilitam ou dificultam futuros aprendizados da instituição, a qual é constituída por diferentes grupos e ultrapassa gerações por consequência das normas, das regras, dos hábitos e dos costumes que carrega. Quando seu funcionamento em determinada instituição permite novas aprendizagens, o grupo apresenta mobilidade adequada, diferentemente de quando se encontra cristalizado, fechado às trocas e às mudanças, prejudicando seu processo de aprendizagem.

E, finalmente, o terceiro nível de integração envolve a comunidade, que é a unidade de análise mais complexa das três mencionadas. Formada por uma ou mais instituições, a comunidade, diferentemente dos níveis anteriores, promove a produção, a distribuição e o consumo de bens construídos no processo de aprendizagem, como música, programas de televisão, filmes, danças, entre outros exemplos.

O trabalho com grupos, instituições e comunidades implica a compreensão do processo individual de cada um de seus integrantes. Embora no grupo haja heterogeneidade cultural, existe também uma homogeneidade funcional. A psicopedagogia, com base no exposto, pode, então, trabalhar com diagnóstico, acompanhamento e prevenção atendendo ao indivíduo, aos grupos, às instituições e à comunidade.

3.4
Problema da aprendizagem sob a ótica da epistemologia convergente

Antes de prosseguirmos, é importante relembrar aqui que, para Visca (1998), o objeto de estudo da psicopedagogia estrutura-se na aprendizagem e em seus respectivos estados normais ou patológicos. O autor delimita o problema de aprendizagem com base em três aspectos, descritos a seguir (Visca, 1998).

1. **O problema de aprendizagem é emergente na relação do sujeito com seu meio** – O contratempo aparece graças às características do meio em que o sujeito vive. Um indivíduo com predisposição para a dislexia, por exemplo, não será identificado como portador de problema de aprendizagem se não passar pelo processo de alfabetização.
2. **O problema de aprendizagem pode ser patogênico ou patológico** – A aprendizagem pode apresentar-se dentro de um quadro de normalidade ou não. Quando é normal, ela produz sucessivas aquisições de conhecimento positivas. Por sua vez, o problema patogênico indica que haverá possibilidades de a aprendizagem apresentar-se com dificuldade – o sujeito apresenta precondições para isso –, e o patológico indica que já ocorreu o transtorno, que ele já está presente.
3. **O problema de aprendizagem ocorre em razão das precondições do sujeito e das circunstâncias do meio em que ele vive** – O contratempo ocorre em razão do modelo de aprendizagem que o sujeito imprime em seu processo de aprender, ou seja, a maneira como ele entende o mundo (cosmovisão), a qualidade do vínculo que ele estabelece com a realidade, a percepção que ele tem das coisas que o rodeiam, o significado que dá às situações, aos objetos e a seus atributos a seu modo de agir.

Considerando esses três aspectos, Visca (1998) estabeleceu a nosografia do problema de aprendizagem na psicopedagogia pelo modelo da teoria da epistemologia convergente em três níveis patológicos:

1. **Semiológico** – Refere-se aos sintomas objetivos (visíveis) ou subjetivos – preguiça de copiar a tarefa do quadro, por exemplo –, e às causas intrapsíquicas objetivas ou subjetivas. É percebido quando o sujeito interage com a aprendizagem. O sintoma sempre é trazido na entrevista inicial, como: "Meu filho não guarda os conteúdos na cabeça" ou "Minha filha troca muitas letras quando escreve". Observe que tanto um discurso quanto o outro referem-se ao motivo aparente da procura do psicopedagogo, o que é entendido na epistemologia convergente como a *queixa*.
2. **Patogênico** – Refere-se às estruturas cognitivas e aos mecanismos intrapsíquicos que explicam as causas. Abrange questões como: "Onde se localizam os obstáculos da aprendizagem?". Denominam-se os obstáculos como *epistêmico, epistemofílico* e *funcional*.
3. **Etiológico** – Refere-se à gênese dos obstáculos – pode-se denominar de *causa primária*, pois é a causa que originou o obstáculo. Tem origem histórica e é o problema que se revela no momento atual. Pode ter origens orgânicas (biológicas) ou psicológicas (afetivas ou cognitivas).

O modelo do *iceberg* (Figura 3.4) pode representar a nosografia criada por Visca (1998) para melhor compreender o problema da aprendizagem.

Concepções de aprendizagem e a epistemologia convergente 145

Figura 3.4 – O sintoma: a ponta de um *iceberg*

Observe que apenas podemos ver acima da água uma pequena parte da grande massa de gelo flutuante, uma vez que a maior parte fica submersa. Se utilizarmos essa imagem como analogia para os problemas da aprendizagem, podemos dizer que o que vemos antes de uma avaliação psicopedagógica é apenas a ponta do *iceberg*, que seria o sintoma – o nível semiológico. Os níveis patogênico e etiológico, portanto, não são identificados sem o processo rigoroso de investigação.

> Sintomas: o epifenômeno ou aspecto manifesto de uma entidade mais complexa. É o emergente da personalidade em interação com o sistema social ou seus mediadores. Isso também acontece no princípio interacionista, mas insiste no sujeito e não no meio. (Visca, 1994, p. 59, tradução nossa)

Para compreendermos as dificuldades de aprendizagem na ótica da epistemologia convergente, devemos primeiramente entender em que contexto social o problema se processa. Cabe lembrar que em certos momentos históricos não havia exigências acadêmicas ou exigências de determinadas habilidades – por exemplo, para os povos pré-históricos, não havia a necessidade de identificar dificuldades de aprendizagem, já que o meio em que viviam não exigia produções de escrita e leitura.

Nesse sentido, é preciso refletir sobre quem é e onde vive o sujeito que apresenta dificuldade de aprendizagem, que pode ser criança, jovem, adulto ou idoso, ou seja, qualquer ser humano que aprende, independentemente da idade cronológica.

Visca (1994) estabeleceu uma metodologia bastante particular para diagnosticar as dificuldades de aprendizagem por meio de um processo avaliativo muito bem estruturado, como veremos a seguir.

3.5
Obstáculos: epistêmico, epistemofílico e funcional

Com base nos pressupostos que vimos na seção anterior, Visca (1994) estabeleceu três obstáculos que são responsáveis pelo surgimento e pela manutenção dos sintomas que dificultam o processo de aprendizagem e que correspondem a três distintas dimensões: (1) a dimensão cognitiva, (2) a dimensão emocional e (3) a dimensão orgânica. Os obstáculos que ocorrem em cada uma delas, respectivamente, caracterizam-se como:

- obstáculo epistêmico;
- obstáculo epistemofílico;
- obstáculo funcional.

Analisaremos cada um deles nos tópicos seguintes com o objetivo de entender como podemos interpretar de forma específica e discriminada a ocorrência real de impedimentos de aprendizagem, depreendendo a maneira como devemos trabalhar em relação a eles.

3.5.1
Obstáculo epistêmico

As dificuldades de aprendizagem oriundas do obstáculo epistêmico derivam do nível de pensamento do sujeito e podem ser analisadas com base nos pressupostos piagetianos (os estágios de desenvolvimento), representados pelo grau de construção da estrutura cognitiva para a apreensão da realidade. São dificuldades que o sujeito tem para aprender, pois as exigências acadêmicas ou socioculturais são muito maiores que suas estruturas cognitivas.

Visca (1998) busca essa denominação no conceito piagetiano de **sujeito epistêmico**, que se refere a todo ser humano que traz consigo estruturas mentais capazes de possibilitar a construção do conhecimento – por meio das ações de perceber, comparar, organizar, discriminar, deduzir, elaborar relações etc. Por sua vez, o **sujeito individual**, também proposto por Piaget, é aquele que, mesmo com possibilidades de realizar todas as ações mencionadas apresenta diferenças de operatividade.

Vamos relembrar, no Quadro 3.1, com a utilização do esquema construído por Delval (2001), o sistema de Piaget e as divisões do desenvolvimento infantil.

Quadro 3.1 – Divisões do desenvolvimento no sistema de Piaget

Estágio	Subestágio	Idade aproximada	Aquisições
Sensório-motor		0 a 18 meses	Atividade sensorial e motora
			Conceitos práticos
			Objetos permanentes
			Descoberta de regularidades práticas na realidade
Pensamento concreto	Pré-Operatório	1,5-7 anos	Início da representação
			Linguagem
			Primeiras explicações sobre a realidade
			Dificuldades de descentração
			Egocentrismo
			Predomínio dos estágios sobre as transformações
	Operações concretas	7 a 11 anos	Conservação
			Aparecimento da lógica de classe e relações
			Leitura correta das observações
			Os estágios subordinam-se às transformações

(continua)

(Quadro 3.1 – conclusão)

Estágio	Subestágio	Idade aproximada	Aquisições
Pensamento formal	Início das operações formais	11-13 anos	Formulação de hipóteses Raciocínio sobre o possível Combinatória sistemática
	Operações formais avançadas	13-15 anos	Métodos de prova sistemáticos

Fonte: Delval, 2001, p. 36.

A teoria de Piaget, nesse caso, auxilia-nos a compreender comportamentos e respostas específicas em determinadas idades cronológicas e perceber quando há déficit cognitivo, ou seja, quando uma resposta a determinada situação-problema não condiz com a idade cronológica do sujeito.

Visca (1994) propõe duas situações para explicar esse contexto:

1. **Detenção do desenvolvimento** – É o que hoje podemos denominar *deficiência intelectual*: a incapacidade de um sujeito progredir nas fases do desenvolvimento cognitivo não correspondente a sua idade cronológica. Caracteriza-se por limitações significativas no processo de lógica.
2. **Lentificação** – Ocorre pelo desenvolvimento cognitivo lento, em razão do qual a criança aprende aos poucos e consequentemente se desenvolve mais devagar.

Exemplificando

I. Caso de detenção do desenvolvimento

José, de 21 anos, apresentava desenvolvimento cognitivo abaixo do esperado para sua idade cronológica, uma vez que operava mentalmente no nível pré-operatório, que corresponde ao de crianças de 4-5 anos. Aprendeu a ler e a escrever e concluiu o ensino médio com ajuda de metodologia inclusiva e currículo adaptado. Durante uma sessão de atendimento psicopedagógico em que a proposta da tarefa era um jogo de perguntas e respostas, demonstrou a seguinte conduta:

Entrevistador: "Quais destes times de futebol não são italianos?"
a. Milan
b. Juventus
c. Associação Esportiva de Roma
d. Ajax

José: "Ajax".

Entrevistador: "Certa resposta, como você acertou?".

José: "Ué, Ajax é produto de limpar o chão, tem no armário da lavanderia da mãe".

Observe que José respondeu corretamente à pergunta, porém a lógica de escolha não correspondia ao objetivo do jogo. Provavelmente, um sujeito com capacidade lógica mais complexa relacionaria a escrita e a sonoridade da palavra *Ajax* a um idioma diferente do italiano, mesmo se desconhecesse times de futebol.

II. Caso de lentificação

João, de 8 anos, opera mentalmente em um nível de crianças de 5-6 anos, abaixo do esperado para a sua idade cronológica. Quando lhe é apresentada a prova de conservação de números, ele não considera o número de fichas que lhe foram apresentadas e consegue sucesso nas respostas da prova por correspondência qualitativa e intuitiva sem conservação. Seus juízos de valor são oscilantes, e ele sempre necessita recontar as fichas para responder corretamente à prova, conduta que condiz à de crianças com idade cronológica inferior à dele. No entanto, aos poucos, João conseguirá atingir um nível superior de compreensão – apesar de lentos, seus processos se elevarão, alcançando patamares superiores.

3.5.2
Obstáculo epistemofílico

O diagnóstico deste obstáculo encontra fundamento nos pressupostos da psicanálise. Baseia-se em questões relacionadas ao vínculo que o sujeito estabelece com a aprendizagem. Percebemos esse obstáculo quando um sujeito parece incapaz de aprender, mas não apresenta déficit cognitivo, uma vez que não tem vontade de aprender.

Quando inadequado, o vínculo com a aprendizagem impede a construção do conhecimento e gera dificuldades em seu processo. Podemos dizer, então, que esse obstáculo se refere ao desejo de aprender. Ele afeta o que Silva (2010) denomina *dimensão desiderativa do ser cognoscente*, em que o inconsciente trabalha para a apropriação do conhecimento mediante o desejo de aprender.

O obstáculo epistemofílico também pode ser gerado por três ansiedades que levam a dificuldades de aprendizagem: (1) ansiedade confusional, (2) ansiedade esquizoparanoide e (3) ansiedade depressiva. Elas podem aparecer como condutas do sujeito de maneira predominante, alternante ou coexistente. De acordo com Bleger (1998), essas ansiedades ou reações ocorrem quando o objeto do conhecimento impede a discriminação e o controle do ego em razão das capacidades do sujeito. Elas são observadas ainda em situações em que saberes ainda não conhecidos aparecem subitamente sem uma preparação prévia, sem levar em conta a necessidade de certos requisitos para um novo tema.

Visca (1998) considera que a falta de amor pelo conhecimento (o que nós entendemos como falta de desejo de aprender) – mas não só ela – pode gerar resistência e dúvidas sobre o que se sabe ou não e receio de não saber mais nada por causa de novos conhecimentos.

Vejamos a seguir como se manifestam os três tipos de ansiedade ou medo:

1. **Medo da confusão** – É o receio do que o conhecimento poderá trazer em razão da indiscriminação daquilo que o sujeito sabe e daquilo que ele ainda não sabe – por exemplo, quando o sujeito percebe que sabia, mas agora não sabe (estado de indiscriminação). Pode ocorrer em duas vias: (I) interna, quando sou eu que não sei; e (II) externa, quando é o outro que não me ensina.

2. **Medo do ataque** – É o temor de que novos conhecimentos coloquem em xeque aqueles já construídos, isto é, o conhecimento novo vem para destruir os conhecimentos anteriores, já consolidados.
3. **Medo da perda** – É a inquietação em face de perder o que já foi construído, um sentimento de esvaziamento. Nessa direção, configura o medo de que aprender novos conhecimentos modificará o "velho" conhecimento – "Posso não saber mais nada".

Vamos exemplificar o que expusemos aqui com duas situações que muito corriqueiramente acontecem com pais e filhos durante a tarefa de casa e uma que pode ter ocorrido durante a leitura deste livro.

Exemplificando

I. Durante a ajuda em uma tarefa, não é raro a mãe ou o pai escrever com a caligrafia de adulto. A criança, então, protesta:

– A professora disse que era assim.

E realiza a caligrafia conforme aprendeu na escola.

Esse cenário traduz-se pelo medo da confusão, no qual a mãe ou o pai pensa que fazer do seu jeito é melhor do aquele que a criança aprendeu.

II. Durante a leitura deste livro, pode ser que você, leitor, tenha, consciente ou inconscientemente, tido a seguinte sensação:

> – Eu aprendi e entendia os mecanismos de defesa defendidos por Freud e agora tenho de aprender as condutas defensivas de Bleger? Assunto muito difícil, melhor eu nem ver isso, prefiro ficar somente com o que aprendi na teoria de Freud.
>
> Essa situação revela o medo do ataque.
>
> III. Para resolver uma operação de divisão, a criança aprendeu na escola o algoritmo[9] da divisão pelo processo euclidiano ou longo e, em casa, a mãe ou o pai a ensinaram o processo curto ou breve, que envolve cálculo mental. A criança, por não compreender o que está fazendo, entra em um nível de ansiedade e passa a acreditar que não sabe mais fazer uma divisão:
>
> – Você – dirigindo-se ao pai ou à mãe – diz que é deste jeito que se faz a continha da divisão, mas a professora me ensinou de outro. Agora não sei fazer mais nada.
>
> Essa situação revela o medo da perda.

Vale lembrar que a finalidade da toda conduta é aliviar ou resolver a tensão ou o conflito que uma situação traz. Além disso, a estrutura de uma conduta apresenta-se inicialmente pela indiscriminação e, em seguida, pela dissociação, até chegar à integração com o objeto.

---

9 "Em matemática, definimos algoritmo como uma sequência de um número finito de procedimentos, realizados para se chegar ao resultado de um cálculo" (Toledo; Toledo, 2010, p. 7).

3.5.3
Obstáculo funcional

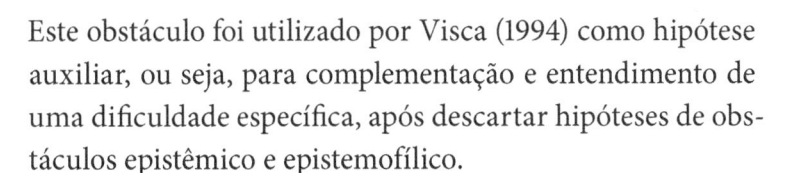

Este obstáculo foi utilizado por Visca (1994) como hipótese auxiliar, ou seja, para complementação e entendimento de uma dificuldade específica, após descartar hipóteses de obstáculos epistêmico e epistemofílico.

Visca (1994) considera que, embora a psicologia genética esclareça pontos importantes da construção da cognição e da aprendizagem, há lacunas observadas no processo diagnóstico que podem ser clareadas com base em testagens específicas e na utilização de recursos que se distinguem da psicogenética. Pode-se dizer, *grosso modo*, que se refere aos aspectos biológicos ou orgânicos. Aqui no Brasil são normalmente privilegiados, nos campos da medicina e da psicometria, métodos quantitativos de testagem em psicologia, em linguística e em psicomotricidade.

Por exemplo, um sujeito que, sem incapacidade cognitiva e com vínculo adequado com a aprendizagem, não vai bem na escola porque apresenta baixo limiar de atenção ou de memória. Isso implica dizer que não é a estrutura cognitiva e/ou não são os afetos relacionados ao aprender desse indivíduo que estão em desalinhamento; na verdade, são suas diferentes capacidades que não colaboram para a aprendizagem, como dificuldade de organização, de discriminação visual, de memória e de atenção e baixo escore psicomotor.

Visca (1998) também esclareceu a possibilidade de ocorrerem as diferenças funcionais encontradas por Barbel Inhelder e outros autores piagetianos. O objeto desse estudo são as diferenças apresentadas por um sujeito diante de aspectos figurativos e operativos, relacionadas a juízos oscilantes em uma ou em várias transformações do material da testagem ou, ainda, na dificuldade em justificar suas respostas.

3.5.4
Breve comentário sobre a manifestação dos obstáculos

Outra consideração importante a se fazer sobre a concepção de obstáculos da aprendizagem no modelo da epistemologia convergente diz respeito à forma como eles se apresentam. Os obstáculos da aprendizagem podem aparecer de forma **determinante** ou **coexistente**. Por exemplo, uma criança cuja maior dificuldade escolar deriva de um déficit de raciocínio lógico apresentará desempenho escolar insatisfatório, o que poderá acarretar autoestima rebaixada. Dessa forma, entende-se que o obstáculo determinante é o epistêmico (dificuldade de raciocínio lógico), que virá acompanhado de outro obstáculo coexistente, que, nesse caso, seria o epistemofílico (autoestima rebaixada).

Síntese

No decorrer deste capítulo, vimos que aprender é uma condição de sobrevivência na vida dos homens e que a função representacional é uma especificidade da mente humana. Demonstramos, com profundidade, que a aprendizagem é um processo de construção que está intrinsicamente ligada à emoção, à cognição e ao meio sociocultural.

No desenvolvimento desse contexto, pudemos observar que os obstáculos da aprendizagem, segundo Visca, podem ser de três tipos – (1) epistêmico, (2) epistemofílico e (3) funcional –, níveis patológicos que dificultam o processo da aprendizagem.

Indicações culturais

MR. HOLLAND: adorável professor. Direção: Stephen Herek. Estados Unidos: Buena Vista Pictures, 1995. 140 min.
O filme retrata a história de um jovem compositor que, por circunstâncias da vida, precisa trabalhar e, assim, inicia a carreira de professor de música. Além de apresentar um belo relato sobre os desafios encontrados por aqueles que compreendem as dificuldades de aprendizagem, o filme nos leva a uma viagem no tempo, mostrando as mudanças pelas quais a sociedade e a escola passam durante os 30 anos em que o professor Holland leciona na escola.

SOCIEDADE dos poetas mortos. Direção: Peter Weir. Estados Unidos: Touchstone Pictures, 1989. 128 min.
No final dos anos 1950, uma escola tradicional, destinada somente a jovens do sexo masculino, recebe como professor de literatura um ex-aluno da própria instituição. O novo professor busca fazer da aprendizagem escolar algo vivo e dinâmico, diferentemente da mera repetição de fórmulas prontas. Para isso, ele incentiva os jovens a pensar por conta própria e desperta neles a reflexão sobre seus próprios desejos e destinos. Esse paradigma trazido

pelo novo professor desagrada a direção do colégio, que tem como guia quatro grandes princípios: a tradição, a honra, a disciplina e a excelência.

VIDA selvagem. Direção: Cédric Kahn. França: Imovision, 2014. 102 min.
Um casal vive com seus três filhos no meio da natureza, até o dia em que a esposa cansa dessa vida e resolve voltar à civilização, levando com ela as crianças. O pai, inconformado com a decisão da mulher, sequestra os dois filhos menores e os leva a viver uma vida selvagem que contraria a sociedade de consumo. Por 11 anos a mãe procura os filhos, que se transformam em cúmplices do pai e frequentemente assumem nomes falsos e se aventuram em fugas, além de dizer que a mãe está morta. A pobreza, a lama e as fezes dos animais revoltam os filhos quando estes atingem a adolescência e o drama entre lealdade e intransigência nos faz refletir sobre as unidades de funcionamento da aprendizagem.

Atividades de autoavaliação

1. Analise as seguintes afirmações e marque V para as verdadeiras e F para as falsas.
    ( ) As teorias fundamentadas no empirismo ressaltam o papel que o meio desempenha no fenômeno do aprender.
    ( ) As teorias fundamentadas no inatismo, ao contrário do empirismo, entendem que é o sujeito que, por

meio do que lhe é dado, herdado ao nascer, *a priori* age sobre o mundo.
( ) A teoria construtivista entende que é pela interação entre o sujeito e o meio que ocorrem a apreensão e a compreensão da realidade, razão pela qual a aprendizagem é um processo de construção.
( ) Piaget era um pesquisador cujas teorias embasaram-se na teoria empirista.
( ) O ser humano cria a cultura, ou seja, o somatório de valores construídos por determinada sociedade que se mantém por meio das tradições ao longo de gerações, com ajuda das representações construídas, incluindo a memória.

Assinale a alternativa que apresenta a sequência correta:

a) V, F, V, F, V.
b) F, V, V, F, V.
c) V, V, V, F, V.
d) V, V, F, F, F.
e) F, F, V, V, V.

2. Visca (1998, p. 22, tradução nossa) "concebe a aprendizagem como uma construção intrapsíquica com continuidade genética e diferenças evolutivas resultantes das pré-condições energético-estruturais do sujeito e as circunstâncias do meio". Com base nas ideias desse autor, compreendemos que o processo da aprendizagem:

a) é uma construção mental que se amplia a cada interação do sujeito com seu meio e deriva do nível das ações que sua a estrutura cognitiva permite em dado momento.
b) é uma construção social que se amplia a cada interação do sujeito com seu meio e deriva do nível das ações que a estrutura cognitiva do grupo permite em dado momento.
c) é uma construção cultural que se amplia em determinadas ações do sujeito com a própria família e deriva do nível das ações que a estrutura hierárquica das instituições permite em qualquer momento.
d) é uma construção mental que se mantém a cada interação do sujeito com seu meio e desenvolve-se e altera-se em razão da intervenção dos grupos de que o indivíduo participa durante a vida.
e) é uma construção mental que diminui a cada interação do grupo com a instituição a sua volta e deriva do nível das ações que sua estrutura cognitiva permite em dado momento.

3. Relacione os três níveis patogênicos de diagnóstico de problemas de aprendizagem com suas respectivas definições.
   I) Nível semiológico
   II) Nível patogênico
   III) Nível etiológico

   ( ) Localização dos obstáculos da aprendizagem. Denominam os obstáculos epistêmico, epistemofílico e funcional.

( ) Refere-se à gênese dos obstáculos – pode denominar de *causa primária* a causa que originou o obstáculo.
( ) Refere-se aos sintomas objetivos (visíveis) ou subjetivos. O sintoma sempre é trazido na entrevista da queixa.

Assinale a alternativa que apresenta a sequência correta:

a) I, II, III.
b) I, III, II.
c) III, II, I.
d) II, III, I.
e) II, I, III.

4. Podemos afirmar que os interesses e as motivações são aspectos importantes a serem considerados no ato do aprender, uma vez que são:
a) detratores de determinadas ações sociais.
b) resultados do modo de agir.
c) fundamentais para a estruturação hierárquica de grupos.
d) promotores de desenvolvimento psicológico.
e) motores da conduta.

5. Relacione os três tipos de medo que podemos enfrentar diante de novas aprendizagens com suas respectivas definições.
I) Medo da confusão
II) Medo do ataque
III) Medo da perda

( ) O conhecimento novo vem para destruir os conhecimentos anteriores, já consolidados.
( ) Há o sentimento de esvaziamento – o medo de que aprender conhecimentos novos modificará o "velho" conhecimento.
( ) Há um estado de indiscriminação.

Assinale a alternativa que apresenta a sequência correta:

a) I, III, II.
b) II, III, I.
c) II, I, III.
d) III, II, I.
e) III, I, II.

Atividades de aprendizagem

Questões para reflexão

1. De todo o conhecimento que você acumulou até agora, reflita qual tem relação com os fatores descritos neste capítulo.

2. Faça uma reflexão sobre suas experiências de aprendizagem durante a vida (até aqui) e tente lembrar quais conhecimentos o levaram a sentir de maneira significativa algum dos medos (da confusão, do ataque, da perda) mencionados no capítulo.

3. Pesquise com colegas ou parentes e descubra como você analisaria clinicamente as experiências de aprendizagem deles com base nos conhecimentos desenvolvidos neste capítulo.

Atividade aplicada: prática

1. Assista ao filme *Uma lição de amor* e relacione as cenas e os relatos com os obstáculos estudados neste capítulo.

UMA LIÇÃO de amor. Direção: Jessie Nelson. Estados Unidos: New Line Cinema, 2002. 132 min.

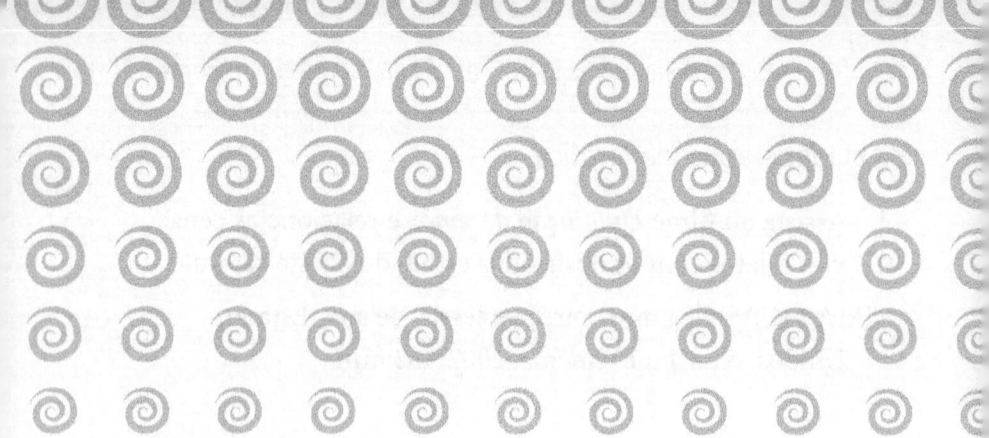

4
Atuação psicopedagógica segundo o modelo da epistemologia convergente

> [...] se é inútil esperar uma síntese teórica, o concreto das práticas nos convida a assumir a tensão e a vivê-las na história.
>
> *Meirieu, 1998*

Neste capítulo, construiremos aprendizagens sobre o processo avaliativo da epistemologia convergente por meio de explicação teórica e prática do diagnóstico. Falaremos de enquadramento e de suas constantes – como tempo, espaço, frequência, honorários, condutas permitidas e interrupções regradas. Também veremos a metodologia que Visca nos deixou para investigar problemas de aprendizagem, à qual ele nomeou *matriz do pensamento diagnóstico*. Ela engloba uma sucessão de ações que norteiam todo o processo de pesquisa diagnóstica, indicando o prognóstico, ou seja, os estados futuros, e possibilitando que o psicopedagogo faça as indicações necessárias para o cliente e para a família – isso ajuda na cura e/ou na melhora de uma situação em que a aprendizagem não ocorre ou em que ela ocorre de maneira insatisfatória.

Os tipos de intervenção psicopedagógica (a intervenção subjetiva e a intervenção objetiva) serão contemplados na sequência – nesse contexto, explicaremos também, especificamente, a caixa de trabalho, que se enquadra, de acordo com Visca (1994), em uma possibilidade de intervenção objetiva utilizada no processo corretor.

4.1
Enquadramento psicopedagógico

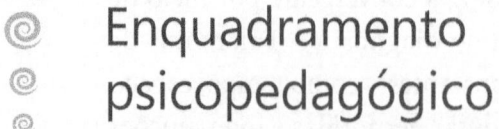

O enquadramento psicopedagógico, que tem sua origem no método clínico[1], é um recurso que marca o elo profissional e delimita alguns elementos que fazem parte do trabalho da psicopedagia. Ele é fundamental porque estabelece fronteiras e impede interferências casuais. Podemos dizer que o enquadramento corresponde aos "combinados" que são feitos com a família e com o sujeito e/ou sujeitos envolvidos no atendimento psicopedagógico.

O enquadramento oportuniza o conhecimento da realidade em que o sujeito está inserido, uma vez que isola e, ao mesmo tempo, integra essa realidade no processo psicopedagógico. Isolar significa identificar o sujeito separadamente para depois integrá-lo ao meio em que vive. De acordo com Bleger (1998, p. 10), "o enquadramento funciona como uma espécie de padronização da situação estímulo que oferecemos ao entrevistador; com isso não pretendemos que esta situação deixe de atuar como estímulo para ele, mas que deixe de oscilar como variável para o entrevistador".

Característica do método clínico, o enquadramento psicopedagógico visa controlar as variáveis ambientais e

• • • • •
1 "Este se originou da medicina e recebe este nome porque vem do grego *kliné*, que significa leito, lugar em que se observava e atendia o paciente. Com o desenvolvimento da psiquiatria, passou a ser usado por essa especialização e também na psicologia, em especial na psicanálise e na epistemologia genética" (Visca, 1994, p. 15-16).

estabelecer o vínculo entre o sujeito e/ou sujeitos e o psicopedagogo. Nesse caso, cuja centralidade está na clínica psicopedagógica, a situação em controle é a aprendizagem. As variáveis ou constantes a serem controladas no enquadramento são: tempo, espaço, frequência, honorários, condutas permitidas e interrupções reguladas. É importante ressaltar que a constância desses elementos funciona de modo estruturante para o sujeito. Descreveremos o papel de cada uma delas a seguir.

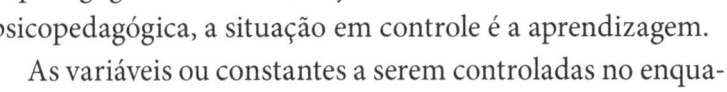

4.1.1
Tempo

No trabalho psicopedagógico, com base no modelo da epistemologia convergente, o tempo é uma das constantes do enquadramento. Trata-se de uma importante unidade de funcionamento porque mostra como o sujeito o administra. Esse tempo refere-se ao período de duração de uma sessão de psicopedagogia.

De acordo com Visca (1994), a duração de uma sessão pode ser:

- **De 50 minutos** – Período cuja origem está na psicanálise – facilita a descontaminação do psicopedagogo, impede que os clientes se encontrem e oportuniza tempo para a organização da sala de atendimento para receber outra pessoa

(uma vez que, no decorrer de 1 hora, restam 10 minutos para o profissional se "restabelecer")[2].
- **De 60 minutos** – Esse tempo, com 10 minutos a mais em relação ao anterior, é indicado para clientes com grande comprometimento emocional e/ou cognitivo.
- **Tempo indeterminado (X)** – Período escolhido a depender do sujeito – é muito mais individual, uma vez que se leva em consideração o tempo do próprio indivíduo, ou seja, o intervalo que ele leva para realizar a tarefa do início ao fim. O tempo X pode corresponder a 30 minutos, 45 minutos, uma hora e meia ou até duas horas de atendimento.

Há clientes para os quais os 50 minutos habituais são muito longos, contexto no qual o sujeito em questão não dará conta de utilizá-los com eficiência, já que seu funcionamento intrapsíquico não permite. Nesses casos, é aconselhável um tempo menor, sempre combinado com o cliente. Ainda há situações em que o sujeito apresenta dificuldades para comparecer a mais de duas ou três sessões semanais. Nesses casos, também é recomendado o tempo X, sempre combinado e acordado com o cliente.

Independentemente da duração da sessão de atendimento, é importante que o psicopedagogo observe e acompanhe

• • • • •
2 No Brasil, isso não costuma acontecer na prática, pois é impossível controlar o horário de chegada dos clientes. Os pais, por exemplo, muitas vezes deixam os filhos no local bem antes do horário combinado e outras vezes atrasam-se para buscá-los. Nesse sentido, passa a ser impossível que os clientes não se encontrem. O ideal, nesse caso, seria que houvesse duas portas na sala de atendimento e duas recepções, o que, no entanto, não é costume aqui no Brasil. Visca, ao que parece, ortodoxo, atuava assim na Argentina.

como ela transcorre e como foram os espaços internos do tempo (das circunstâncias) dela. "O trabalho terapêutico busca a interiorização do tempo, em suas diferentes dimensões" (Weiss, 1997, p. 148). É importante também observar e analisar como se realizam no tempo as ansiedades, a estrutura da conduta do sujeito, a comunicação e a aprendizagem, tarefa para cuja realização pode-se utilizar, como recurso, o cone invertido (ver Capítulo 2).

Visca (1994) interessava-se por dois autores para se amparar na questão do tempo e de sua configuração[3] durante uma sessão de psicopedagogia: Fernando Ulloa e Pichon-Rivière. Vejamos no Quadro 4.1 como cada um desses autores distribuía o tempo.

Quadro 4.1 – Configuração dos espaços temporais

Fernando Ulloa	Pichon-Rivière
1. Pré-entrevista	1. Pré-tarefa
2. Começo da entrevista	2. Tarefa
3. Entrevista propriamente dita	3. Projeto
4. Encerramento da entrevista	
5. Pós-entrevista	

De acordo com as configurações de Fernando Ulloa (citado por Visca, 1994):

1. A **pré-entrevista** é tudo o que acontece antes da entrada do cliente na sala de atendimento e deve ser atentamente observada pelo psicopedagogo.

• • • • •
3 A configuração do tempo refere-se ao espaço temporal no qual se apresentam subespaços, resultados das elaborações feitas tanto pelo sujeito/cliente quanto pelo psicopedagogo (Visca, 1994).

2. O **começo da entrevista** é a conversa inicial, é o que acontece antes de iniciar-se a entrevista propriamente dita.
3. A **entrevista propriamente dita** é o momento do vínculo com ela mesma até seu final.
4. O **encerramento da entrevista** é a despedida dos envolvidos na análise.
5. A **pós-entrevista** ocorre quando o cliente sai da sala de atendimento e, às vezes, diz alguma coisa que não foi dita anteriormente.

Por sua vez, a configuração proposta pelos conceitos de Pichon-Rivière (citado por Visca, 1994) também pode auxiliar na análise de uma entrevista ou sessão. Para o autor:

1. A **pré-tarefa** revela-se em todo o movimento que o sujeito faz antes de entrar na atividade. Nesse momento, é fácil observar o grau de resistência que o cliente apresenta diante de determinada tarefa ou de certos temas e atividades.
2. A **tarefa** é o envolvimento integral com a atividade ou com a tarefa proposta.
3. O **projeto** ocorre quando a aprendizagem é interiorizada por meio da atividade, ou seja, quando se dá a aprendizagem, a mudança de conduta.

Visca (1994) orienta que a análise do uso do tempo pode ser empregada em diferentes momentos do atendimento psicopedagógico. Para tanto, estabelece dois tipos de análise: (1) a análise diacrônica (análise de uma sessão) e (2) a análise sincrônica (comparações entre sessões). O autor ressalta ainda que a análise sincrônica também pode ser utilizada em outros momentos do atendimento psicopedagógico, como no começo e no fim do tratamento, em momentos anteriores e posteriores a interrupções reguladas (como férias) e em momentos estipulados pelo próprio psicopedagogo (como 10 dias, 20 dias, 30 dias). Tanto a análise diacrônica quanto a sincrônica podem ajudar na avaliação do psicopedagogo e no vínculo entre ele e o cliente.

4.1.2
Espaço

Essa constante refere-se ao local do atendimento psicopedagógico – o espaço físico, geralmente denominado *consultório* ou *sala de atendimento*. O ambiente deve ser acolhedor e silencioso (ou sem ruídos)[4]. Não deve ser modificado – quando houver necessidade de mudá-lo, o psicopedagogo deve informar e preparar os clientes com antecedência sobre as transformações que ocorrerão.

Costumamos dizer que a sala utilizada como consultório deve ser *imexível*, porque um sujeito faz projeções e deposita sentimentos e emoções naquele lugar ou em objetos que ali

• • • • •
4   Weiss (1997) sugere que o consultório seja bem iluminado e belo. Para a autora, esse espaço físico deve ser adequado para a realização de diversas atividades, deve facilitar a arrumação após o uso de materiais e deve resguardar o sigilo dos produtos elaborados pelos clientes, bem como respeitar a individualidade de cada um. É bom lembrar que um consultório de psicopedagogia pode não ser direcionado única e exclusivamente para crianças, uma vez que qualquer pessoa é passível de apresentar dificuldades de aprendizagem. Por essa razão, o mobiliário e as características do local não devem apresentar elementos muito regressivos ou infantis; é melhor que ofereça, como indica Visca (1994), aspectos maduros independentemente da idade cronológica do cliente.

estão. Weiss (1997, p. 150, grifo do original), nesse sentido, alerta:

> O consultório, considerado como uma das **constantes** do tratamento, deve permanecer o mais imutável possível. Deve-se evitar a troca de sala, mudança de mobiliário e demais objetos. A constância do espaço terapêutico, com todos os seus elementos, é **estruturante** para o paciente, principalmente para aquele que já passou por sucessivas trocas de casa, de escola ou de profissionais. É preciso proporcionar-lhe algo estável.

Mudanças podem gerar ansiedade e/ou curiosidade que levam o cliente a perder o foco do trabalho, proporcionando escapes e fugas da tarefa, além do sentimento de não pertencer mais àquele lugar.

Um consultório de psicopedagogia deve, então, servir de recipiente – ou, nas palavras de Visca, *continente* –, reservatório no qual o cliente coloca seus conteúdos emocionais, e oferecer a possibilidade para que o cliente se expresse com liberdade e elabore e facilite a própria aprendizagem. Visca (1994), nesse sentido, explica que há necessidade de respeitar-se certos graus de deposições que o cliente faz nos objetos do consultório, razão pela qual ressalta que não se deve modificar esse ambiente.

Para cumprir essa orientação, Visca (1994) apoiou-se nas ideias da teoria dos 3 Ds, (mencionada brevemente no Capítulo 2) proposta por Pichon-Rivière, cujos conceitos centrais vale aqui relembrar: **d**epositante, **d**epositário e **d**epositado. Em se tratando da clínica psicopedagógica, o cenário configura-se da seguinte maneira: o cliente (depositante) coloca seus medos (depositados) nos objetos do consultório (depositários) e, assim, controla suas ansiedades (confusional, paranoide, depressiva). Outra questão importante de ressaltar neste momento é que podemos relacionar o consultório como o "campo geográfico" proposto por Bleger e apresentado no Capítulo 1.

4.1.3
Frequência

A frequência, outra constante do enquadramento, corresponde à carga horária das sessões em termos de horas semanais, ou seja, é a quantidade de sessões na semana.

O ideal[5] é que as sessões ocorram 3 vezes por semana, podendo ser distribuídas ou acumuladas:

- **Distribuídas** – Segunda, quarta e sexta-feira.
- **Acumuladas** – Segunda, terça e quarta-feira: frequência indicada para os casos em que o sujeito apresenta alto grau de rigidez de pensamento.

4.1.4
Honorários

Essa constante de enquadramento refere-se ao valor a ser cobrado pelo trabalho oferecido. Os honorários podem ser calculados por sessão ou por período (quinzenal ou mensal), dependendo dos interesses do profissional e das possibilidades dos contratantes.

-----
5 Menos de 3 sessões por semana é a quantidade mais indicada quando se aproxima o processo de alta.

Recomendamos que o psicopedagogo iniciante realize uma pesquisa de mercado na região onde atuará e procure obedecer à normatização do Código de Ética da Associação Brasileira de Psicopedagogia (ABPp), que recomenda, no art. 15 do capítulo VIII:

> Os honorários são tratados previamente entre os sujeitos e sistemas ou seus responsáveis legais e o profissional, a fim de que:
> - representem justa contribuição pelos serviços prestados, considerando condições socioeconômicas da região, natureza da assistência prestada e tempo despendido;
> - assegurem a qualidade dos serviços prestados. (ABPp, 2019)

4.1.5
Condutas permitidas

Referem-se ao que é permitido fazer tanto da parte do psicopedagogo quanto da família e/ou do cliente contratante. Correspondem aos esclarecimentos gerais e específicos sobre o desdobramento das sessões e o que poderá ocorrer desde a primeira delas.

4.1.6
Interrupções reguladas

Correspondem às datas em que não haverá atendimento por ausência do cliente ou do psicopedagogo, mediante acordo entre as partes, o que pode ser motivado por feriados, férias, viagens ou cirurgias.

4.2
A matriz do pensamento diagnóstico (avaliação psicopedagógica)

A psicopedagogia sob o suporte da teoria da epistemologia convergente oferece um modelo diferente daquele dos modelos tradicionais de avaliação psicológica voltados para as questões da aprendizagem.

Importante!

Nos modelos tradicionais de avaliação tanto psicológica quanto educacional, o ponto de partida é a anamnese, o primeiro contato da pessoa que procura o atendimento com o profissional. Posteriormente, segue-se uma bateria de testes e a aplicação de provas que são oferecidos havendo ou não necessidade, para cumprir um protocolo. Depois disso, forma-se a imagem do sujeito avaliado e é feita a devolutiva para os pais e, às vezes, para a criança.

A avaliação psicoeducacional no modelo tradicional, sob o viés da psicologia, vale dizer, orienta-se pelo seguinte roteiro:

- Anamnese.
- Aplicação de testes.

- Provas pedagógicas.
- Formulação da imagem do sujeito.
- Devolução da avaliação aos pais e, às vezes, à criança.

A avaliação psicopedagógica na linha da epistemologia convergente apresenta uma abordagem diferente daquela do processo de diagnóstico tradicional, apresentada no boxe "Importante!". Ela segue um roteiro novo, que não se inicia pela anamnese. Esta, aliás, que ocorre ao final do processo, é feita após um exaustivo e criterioso sistema de hipóteses que é levantado durante todo o desenvolvimento avaliativo.

Visca (1994) elaborou um conjunto de métodos e passos para investigar os processos patológicos de aprendizagem, ou seja, as dificuldades de aprendizagem, modelo ao qual o autor deu o nome de *matriz do pensamento diagnóstico* – trata-se de um instrumento conceitual utilizado para chegar-se ao diagnóstico.

Esse instrumento conceitual tem três objetivos distintos:

1. Diagnóstico propriamente dito.
2. Prognóstico.
3. Indicações (ou orientações).

A **matriz do pensamento diagnóstico** é uma configuração conceitual que esclarece o que se pretende com a realização de uma avaliação psicopedagógica. No esquema proposto por Visca (1994), o diagnóstico tem o objetivo de revelar quem foi e quem está sendo o sujeito a ser avaliado e contém, portanto, dados de seu passado e de seu presente.

Com base nos dados colhidos no diagnóstico é que se indicará o **prognóstico**, ou seja, o conjunto de hipóteses levantadas pelo processo avaliativo que se prestará a fazer previsões futuras, levando a **indicações** (ou orientações) necessárias para resolver os problemas e favorecer o processo de aprendizagem de maneira satisfatória. Esses três elementos devem ser contemplados no informe psicopedagógico e fornecidos aos envolvidos na solicitação da avaliação psicopedagógica, uma vez que estes buscam a cura e/ou a melhora das causas da dificuldade de aprendizagem.

O **diagnóstico propriamente dito** é um conjunto de atitudes que o profissional psicopedagogo realizará desde o primeiro contato com o cliente, colocando em prática, para isso, a matriz do pensamento diagnóstico. Em outras palavras, é tudo aquilo que é necessário saber para formular a imagem do sujeito com base em suas potencialidades e dificuldades. Como o próprio Visca (1994, p. 58, tradução nossa) menciona, o diagnóstico era "o manual de instruções" com o qual ele trabalhava.

4.2.1
Diagnóstico

O diagnóstico propriamente dito, como dissemos há pouco, refere-se aos passos que o psicopedagogo segue para formular a imagem do sujeito avaliado e tem como objetivos:

- Descrever e esclarecer contextualmente quem é o sujeito a ser avaliado, levando em consideração seu âmbito psicossocial (o próprio sujeito), o âmbito sociodinâmico (o sujeito em relação ao grupos em que está inserido) e o âmbito institucional (valores e costumes que fazem parte da vida do sujeito);

- Esclarecer e revelar os sintomas – sujeito + meio = sintoma (semiologia);
- Descrever a causa das dificuldades de aprendizagem (etiologia);
- Apresentar o prognóstico com as devidas orientações.

O alcance dos objetivos propostos, no modelo da epistemologia convergente, é orientado, portanto, pelo seguinte roteiro de avaliação:

- Entrevista de queixa e contrato diagnóstico;
- Elaboração do primeiro sistema de hipóteses – aplicação da entrevista operativa centrada na aprendizagem (Eoca)[6];
- Linha de pesquisa – escolha dos instrumentos;
- Elaboração do segundo sistema de hipóteses;
- Anamnese;
- Elaboração do terceiro sistema de hipóteses;
- Devolutiva – entrega do informe psicopedagógico.

Vejamos no Quadro 4.2 uma prévia dessas etapas em uma representação do processo.

Quadro 4.2 – Passos para a realização do diagnóstico

Entrevista de queixa		
Eoca (anotação de tudo o que acontece durante a Eoca contemplando a temática, a dinâmica e o produto)	1º Sistema de hipóteses (levantamento de hipóteses)	Linha de pesquisa (escolha de instrumentos avaliativos)

(continua)

-----
6 A aplicação da Eoca já é, por si só, o primeiro sistema de hipóteses.

(Quadro 4.2 – conclusão)

Entrevista de queixa		
Realização da testagem	2º sistema de hipóteses (análise e reflexão dos resultados; elaboração de hipóteses)	Linha de pesquisa (questões que deverão ser esclarecidas na anamnese)
Anamnese (entrevista aberta sobre a história do avaliado)	3º sistema de hipóteses (análise e reflexão dos dados colhidos na anamnese)	Imagem do sujeito Hipótese diagnóstica Preparação do informe diagnóstico

Na sequência, descreveremos cada um desses passos.

Entrevista de queixa e contrato diagnóstico

Esse momento inicial corresponde ao primeiro contato que a família faz com o psicopedagogo em busca de ajuda – se o sujeito avaliado for uma criança, esta não participa da entrevista. Nesse momento, o psicopedagogo apresenta-se gentilmente e faz apenas a escuta, para assim evitar ser influenciado pelos "diagnósticos" já feitos anteriormente pela escola, pelos professores ou até mesmo pelos pais. Por isso, ele evita fazer perguntas, apenas ouve e faz as anotações pertinentes sobre o motivo da consulta. "Momentos cruciais e decisivos em qualquer entrevista são os iniciais, que condicionam, em parte, a eficiência da experiência total" (Axline, 1991, p. 75).

Feito isso, e percebido o interesse da família em realizar uma avaliação psicopedagógica, o profissional expõe ao contratante como se processa a avaliação e esclarece a linha de trabalho da epistemologia convergente, explicando, inclusive, que o sujeito a ser avaliado ficará a sós com o psicopedagogo. Com base no real interesse do contratante, após a explicação de como se processa a avaliação psicopedagógica, propõe-se o enquadramento[7].

Para o enquadramento, todas as constantes a seguir – conforme descrevemos anteriormente – devem ser consideradas: tempo, espaço, frequência, honorários, condutas permitidas e interrupções reguladas.

Após a entrevista, será encaminhada a primeira sessão de avaliação com a criança ou o cliente, com base na qual se realizará o primeiro sistema de hipóteses, utilizando-se do instrumento avaliativo denominado por Visca (1994) de *entrevista operativa centrada na aprendizagem*, a Eoca, a qual já mencionamos.

Elaboração do primeiro sistema de hipóteses

O primeiro sistema de hipóteses é construído após a realização da Eoca. Em um primeiro momento, as informações coletadas servem de base para hipóteses que nortearão a escolha de instrumentos avaliativos que comporão a linha de pesquisa. É importante compreender que, conforme as hipóteses forem levantadas, serão aplicados testes e/ou provas específicos para comprová-las ou não, por isso os instrumentos escolhidos devem ser adequados a essa tarefa.

Aplicação da Eoca

A Eoca é o primeiro instrumento avaliativo utilizado com o sujeito. Essa atividade tem como objetivo observar os sintomas e as possíveis causas da dificuldade de aprendizagem apresentada na entrevista da queixa. Com base nas

---

7 Mais adiante, explicaremos como se processa a avaliação.

observações da Eoca, formula-se o primeiro sistema de hipóteses – um apanhado geral de ideias que podem ajudar na compreensão do que está acontecendo com o sujeito. Nesse momento, podemos anotar todas as possibilidades que aparecem. Lembre-se de que são hipóteses que poderão ou não ser confirmadas. De acordo com Visca (1996, p. 45-46, tradução nossa), a Eoca foi criada "como um instrumento de estrutura clínica com o objetivo de estudar as condições cognitivas, afetivas das condutas de um sujeito em situações de aprendizagem".

A Eoca visa pesquisar, vale dizer, o modelo de aprendizagem do sujeito, a forma como ele aprende, o modo como ocorre o funcionamento de sua estrutura cognitiva, os aspectos afetivos, os vínculos e a maneira como interagem as capacidades funcionais do cliente.

Chegado o dia do primeiro encontro com o sujeito a ser avaliado, prepara-se o ambiente para a realização da Eoca. O profissional deve deixar sobre a mesa (fora de caixas ou embalagens) os seguintes materiais: folhas lisas, com linha e quadriculadas; folhas de sulfite coloridas; lápis novo sem ponta; apontador; borracha; caneta; régua; tesoura; lápis de cor; livros e revistas (adequados à idade e à escolaridade do sujeito); e cola.

Diante do sujeito a ser avaliado, o psicopedagogo procede à **consigna de abertura**, na qual ele comenta: "Eu gostaria que você me mostrasse o que você sabe fazer, o que te ensinaram, o que você aprendeu". Nunca se deve pedir que o sujeito faça determinada atividade, como: "Faça isso ou faça aquilo". Vale destacar que, conforme nosso entendimento, a liberdade que a Eoca oferece para o cliente operar no primeiro encontro é um princípio fundamental da epistemologia convergente.

> Quando a liberdade de iniciativas se abre para um indivíduo, sua escolha recai sobre as atividades em que se sente mais seguro. Qualquer exclamação de surpresa ou elogio pode ser interpretada como indicadora da direção a seguir. E, com isso, outras esferas de exploração são fechadas, representando perdas da maior importância para ele. (Axline, 1991, p. 39)

Durante a aplicação da Eoca, o psicopedagogo pode e deve fazer uso de intervenções subjetivas, ou seja, orientações para o entrevistado, conforme a necessidade da ocasião. Conforme Visca (1996), essas intervenções têm como objetivo facilitar a transição de uma tarefa para outra, ajudar o sujeito nos aspectos motivacionais em relação às tarefas e auxiliar o sujeito a expressar suas condições cognitivas e funcionais.

As intervenções[8] sugeridas por Visca (1996) durante a aplicação da Eoca são: respostas gestuais, modelo de alternativas múltiplas, proposta de nova atividade e proposta de determinada atividade.

> As intervenções que tendem a facilitar a transição de uma atividade para outra são: "a resposta gestual" – que consiste em qualquer gesto do entrevistador que tenha como propósito mobilizar a criança –; "o modelo de alternativa múltipla" – ou enumeração de um conjunto de possibilidades estabelecidas de maneira não restritiva –; "a proposta aberta de mostrar outra atividade" e "a proposta fechada de mostrar outra

• • • • •
8 Os tipos de intervenções psicopedagógicas serão mencionadas na Seção 4.3.

atividade", cuja diferença reside no fato de que, na primeira, não é sugerido que o tipo de atividade mude, fato que ocorre, por sua vez, na segunda. (Visca, 1996, p. 44, tradução nossa)

Com base nas orientações de Visca e em experiência clínica, podemos mencionar exemplos de intervenções:

- **Respostas gestuais** – Um sorriso, um movimento para mostrar o material.
- **Modelo de alternativas múltiplas** – O psicopedagogo comenta: "Você pode desenhar, escrever, recortar ou qualquer outra coisa que queira".
- **Proposta de nova atividade** – "Gostaria que você me mostrasse outra coisa"; "Será que você poderia me mostrar outra coisa além de desenhos?".
- **Proposta de determinada atividade** – "Você me mostrou que sabe desenhar uma casa; agora, você poderia me mostrar como se escreve *casa*?".

É importante, ao final da sessão, que o psicopedagogo observe e faça as anotações sobre a temática, a dinâmica e o produto trazidos na Eoca:

- **Temática** – Refere-se ao que o sujeito traz de conteúdo falado, ou seja, tudo o que ele fala, pergunta e responde.
- **Dinâmica** – Refere-se ao comportamento corporal do sujeito, à maneira como ele utiliza os objetos, à sua postura corporal e aos seus tiques e movimentos.
- **Produto** – Refere-se ao material elaborado pelo sujeito.

Observemos no Quadro 4.3 um modelo de registro de Eoca.

Atuação psicopedagógica segundo o modelo
da epistemologia convergente

Quadro 4.3 – Modelo de registro de Eoca

Registro: J. R. F. – 7 anos	Hipóteses[9]
P[10] – Você sabe o que você veio fazer aqui?	Fala infantilizada
C[11] – Sim, "bincá"; minha mãe disse que você é uma tia que "binca" com as "quianças"	Dislalia, ausência do *r* (conhecido foneticamente como *tepe*) nas palavras.
P – Eu gostaria que você me mostrasse o que você sabe fazer, o que te ensinaram, o que você aprendeu.	Ansiedade confusional
C – Eu não sei "fazê" nada, tia.	Conduta dependente
C – Pode "pegá" a canetinha?	Mostra o que sabe
P – Como você desejar.	Canhoto
[A criança pega a canetinha e uma folha branca e desenha um carro com a mão esquerda, sem fazer o movimento de pinça – enquanto faz o desenho, chupa o dedo.]	Dificuldade motora
	Dependente, bebê ainda

Linha de pesquisa

Antes de tudo, vale lembrar: as hipóteses levantadas na Eoca são consideradas o primeiro sistema de hipóteses, por meio do qual é possível construir a linha de pesquisa que será utilizada para confirma-las ou não.

A linha de pesquisa possibilita a indicação de novos recursos de testagem à medida que o profissional for analisando e estudando as respostas do sujeito durante o processo de avaliação.

Na elaboração da linha de pesquisa, deve ser contemplada o emprego de instrumentos que analisam cada dimensão do

• • • • •
9   Após a aplicação da Eoca, é necessário que haja atenção e reflexão do psicopedagogo para analisar os dados e formular as hipóteses coletadas.

10   P – Profissional.

11   C – Cliente (no caso, uma criança).

processo de aprendizagem do sujeito: dimensão cognitiva, dimensão afetiva (vínculo) e dimensão funcional. A linha de pesquisa – lembre – não é uma listagem fechada de recursos a serem utilizados pelo profissional, uma vez que outros poderão ser escolhidos à medida que o profissional analisa o material avaliativo já utilizado.

É importante ressaltar que a linha de pesquisa deve contemplar instrumentos que ajudarão a encontrar as respostas para as hipóteses levantadas durante a Eoca (abrangendo, para isso, é claro, as três dimensões mencionadas anteriormente). Essa etapa, portanto, busca desvendar em que nível patogênico encontram-se as estruturas e os mecanismos intrapsíquicos do sujeito – os obstáculos epistêmico, epistemofílico ou funcional.

Para a dimensão cognitiva, é recomendada a utilização do diagnóstico operatório piagetiano; para a dimensão afetiva, são usadas as técnicas projetivas psicopedagógicas; e, para a dimensão funcional, empregam-se as provas/tarefas pedagógicas. Descreveremos todos esses instrumentos na sequência.

Diagnóstico operatório piagetiano

Trata-se de uma técnica diagnóstica, também denominada *método clínico piagetiano*. Para sua utilização, é imprescindível compreender amplamente a teoria de Piaget, pois, por meio das provas do diagnóstico operatório, é possível conhecer o nível do desenvolvimento cognitivo ou o nível de estrutura cognitiva de um sujeito.

Essas provas referem-se aos domínios da conservação de quantidades, da classificação de classes e da seriação. Sobre o uso dela, Dolle (1975, p. 25) diz:

Seguindo a criança em cada uma das suas respostas, depois, sempre guiado por ela, fazendo que fale cada vez mais livremente, acaba-se por obter, em cada um dos domínios da inteligência (lógica, explicações causais, função do real etc.), um procedimento clínico de exame análogo ao que os psiquiatras adotaram como meio de diagnóstico.

Além de compreender a teoria piagetiana, deve-se saber aplicar as provas do diagnóstico operatório. Para isso, é necessário um estudo teórico e prático exaustivo. Bem oportuna aqui é a orientação de Dolle (1975, p. 25):

> Esse método não é desprovido de inconvenientes. Em primeiro lugar, é difícil praticar. Para bem dominá-lo, são necessários anos de exercício quotidiano. "É tão difícil não falar quando questionamos uma criança, sobretudo se somos pedagogos! É tão difícil não sugestionar! É tão difícil, sobretudo, evitar ao mesmo tempo a sistematização devida às ideias preconcebidas e a incoerência devida à ausência de toda hipótese diretriz! O bom experimentador deve, com efeito, reunir duas qualidades muitas vezes incompatíveis: saber observar, vale dizer, deixar que a criança fale, não interromper, nem desviar-se, e, ao mesmo tempo, buscar algo de preciso, ter a cada instante alguma hipótese de trabalho, alguma teoria, certa ou errada, a controlar.

Vejamos a seguir tipos e exemplos de provas do **diagnóstico operatório piagetiano**[12]: para pesquisar a aquisição do domínio das conservações de quantidade:

- Prova de conservação de pequenos conjuntos discretos de elementos;
- Prova de conservação da quantidade de líquido (transvasamento);
- Prova de conservação de quantidade de matéria;
- Prova de conservação de comprimento;
- Prova de conservação de superfície;
- Prova de conservação de peso;
- Prova de conservação de volume.

Para o domínio das classificações de classe:

- Prova de mudança de critério (dicotomia);
- Prova de quantificação da inclusão de classes;
- Prova de intersecção de classes.

Para o domínio da seriação:

- Prova da seriação de palitos.

As provas mais utilizadas para avaliar o pensamento formal são:

- Prova de combinação de fichas;
- Prova de permutação de fichas;

• • • • •
12 Foram listadas as provas mais utilizadas pela autora deste livro em seu trabalho clínico – outras provas do diagnóstico operatório empregadas pela epistemologia genética podem ser realizadas conforme a formação e a competência do psicopedagogo.

- Prova de conservação e composição de volume (conhecida como *prova das ilhas*).

Técnicas projetivas psicopedagógicas

De acordo com Visca (1997c), as técnicas projetivas psicopedagógicas têm como objetivo geral investigar a rede de vínculos que um sujeito pode estabelecer nas três grandes instâncias que o cercam durante a vida: a **escolar**, a **familiar** e a **consigo mesmo** (intrapessoal).

Quadro 4.4 – Técnicas projetivas psicopedagógicas

Domínio	Técnica	Investiga	Idade
Vínculos escolares	Par educativo	Vínculo com a aprendizagem	6/7 anos
	Eu e meus companheiros	Vínculo com os colegas de classe	7/8 anos
	A planta da sala de aula	A representação do campo geográfico da sala de aula, sua situação real e a desejada	8/9 anos
Vínculos familiares	A planta da minha casa	A representação do campo geográfico do lugar em que mora e as situações reais dentro dele	8/9 anos
	Os quatro momentos de um dia	Os vínculos ao longo de uma jornada da vida	6/7 anos
	A família educativa	O vínculo de aprendizagem com o grupo familiar e com cada um de seus integrantes	6/7 anos

(continua)

(Quadro 4.4 – conclusão)

Domínio	Técnica	Investiga	Idade
Vínculos consigo mesmo	Desenho em episódios	A delimitação da permanência da identidade psíquica como uma função da qualidade dos afetos	4 anos
	O dia do meu aniversário	A representação que se tem de si mesmo e do contexto físico e social em um momento de transição de uma idade para outra	6/7 anos
	Minhas férias	As atividades escolhidas durante um período de férias escolares	6/7 anos
	Fazendo o que mais gosto	O tipo de atividade de que mais gosta	6/7 anos

Fonte: Visca, 1997c, p. 18, tradução nossa.

As técnicas projetivas psicopedagógicas permitem investigar a variável emocional que condiciona positiva ou negativamente as aprendizagens de um sujeito em uma perspectiva psicopedagógica.

Provas/tarefas pedagógicas

São as atividades relacionadas ao conhecimento acadêmico e têm por objetivo conhecer o que o sujeito sabe dos conteúdos escolares. É importante ressaltar que Visca não deixou aportes teóricos sobre a utilização de provas pedagógicas. Porém, muitos psicopedagogos foram orientados a utilizá-las em seus cursos de formação, os quais contemplam esses instrumentos em avaliações, justificando sua utilização pela necessidade de compreender a competência acadêmica do sujeito avaliado e, de certa forma, exemplificar a queixa trazida pela família.

Outro aspecto bastante importante das provas pedagógicas é a possibilidade que elas oferecem à escola de adequarem os currículos para os alunos da modalidade de inclusão. Por meio das orientações oriundas do resultado das provas pedagógicas, a escola saberá quais são os conteúdos que o sujeito já construiu e quais são os que ainda não estão de acordo com a classe e/ou a série em que ele está inserido. Por exemplo, de nada adianta colocar um aluno diante do conteúdo das expressões numéricas do 6º ano se ele ainda não sabe contar até 100.

Consideramos que as provas pedagógicas são um rico material avaliativo desde que sejam pretendidas como análise de tarefa fundamentada pela neurociência e organizadas com base em hipóteses construídas na Eoca, seguindo as orientações dos Parâmetros Curriculares Nacionais (PCN)[13] para cada disciplina e série escolar. A observação deve dar conta de analisar o processo, e não o produto da atividade proposta.

A análise de tarefa implica a coleta de informações para compreender as estruturas cerebrais no momento da aprendizagem. Não se trata somente de conteúdos acadêmicos. De acordo com Riechi (1996), os fatores observados numa análise de tarefa são:

- **Canal** – Verifica-se se os canais sensoriais (auditivo, visual e tátil-cinestésico) estão envolvidos na tarefa.

---

[13] São diretrizes produzidas pelo Ministério da Educação que visam orientar e garantir a organização do sistema de ensino fundamental e médio no Brasil no que tange aos aspectos curriculares e aos conhecimentos socialmente adquiridos, assegurando a todos os brasileiros o direito à educação. Veja a introdução aos PCN em: <http://portal.mec.gov.br/seb/arquivos/pdf/livro01.pdf>. Acesso em: 14 abr. 2020.

- **Nível hierárquico da aprendizagem** – Verificam-se a sensação, a percepção, a retenção, a simbolização ou a conceituação.
- **Processamento da informação** – Verifica-se a relação entre a tarefa proposta e os sistemas cerebrais que podem ser processados em nível intraneurossensorial ou interneurossensorial.
- **Resposta** – Verifica-se o modo pelo qual o sujeito responde à tarefa (gestual, verbal, visomotor, entre outros).
- **Tarefa** – Verificam-se os tipos de informação envolvidas na tarefa: verbal ou não verbal; social ou não social, automática (menor nível de organização) ou voluntária (maior nível de organização).

Entre as provas utilizadas, podemos mencionar as seguintes: cópia, ditado, leitura, interpretação de texto, produção de texto, resolução de situações-problema, escrita de numerais, ditado de numerais, atividades de raciocínio lógico e resolução das 4 operações.

Outros instrumentos podem ser utilizados, desde que o psicopedagogo domine a técnica de suas aplicações: exame psicomotor da 1ª e da 2ª infância, teste de audibilização, de Clarissa S. Golbert[14]; avaliação do realismo nominal e avaliação do nível de apropriação da linguagem escrita, de

- - - - -
14 Clarissa S. Golbert é autora do livro *A evolução psicolinguística e suas implicações na alfabetização: teoria, avaliações, reflexões* (1988).

Emília Ferreiro[15]; e avaliação de noções básicas: cor; formas; tamanho; alto/baixo; em cima; embaixo etc.

Vejamos a seguir uma sequência de avaliações que podem fazer parte de uma linha de pesquisa baseada em hipóteses colhidas em uma Eoca.

Quadro 4.5 – Linha de pesquisa

LINHA DE PESQUISA

Dimensão cognitiva – Provas do diagnóstico operatório: Piaget (lógica)

Objetivo: compreender como está o desenvolvimento cognitivo do sujeito.

em seus três domínios
- Conservação – de números
  - de líquido
  - de matéria
- Classificação – dicotomia
  - inclusão de classes
  - intersecção de classes
- Seriação

Dimensão afetiva – Técnicas projetivas psicopedagógicas

Objetivo: compreender o tipo de vínculo que o sujeito estabelece com a aprendizagem em seus três aspectos: escolar, familiar e consigo mesmo.

- Vínculos escolares
  - Par educativo
- Vínculos familiares
  - Família educativa
- Vínculos consigo mesmo (intrapessoal)
  - Desenho em episódios

(continua)

---

15 Emília Ferreiro, pedagoga e psicóloga argentina, foi aluna e colaboradora de Jean Piaget e estudou os processos cognitivos relacionados à leitura e à escrita.

(Quadro 4.5 – conclusão)

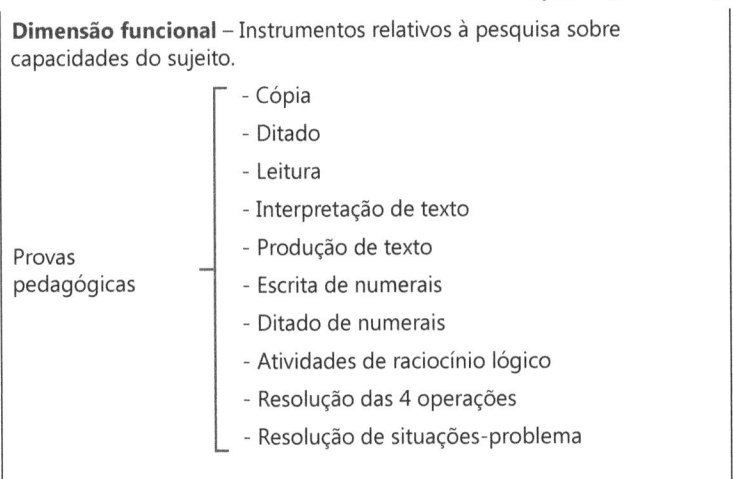

Dimensão funcional – Instrumentos relativos à pesquisa sobre capacidades do sujeito.

Provas pedagógicas:
- Cópia
- Ditado
- Leitura
- Interpretação de texto
- Produção de texto
- Escrita de numerais
- Ditado de numerais
- Atividades de raciocínio lógico
- Resolução das 4 operações
- Resolução de situações-problema

- Exame psicomotor de 1ª e de 2ª infância
- Provas específicas de linguagem
- Provas específicas para a avaliação da consciência fonológica
- Teste de audibilização de Clarissa Golbert
- Verificação da superação do realismo nominal
- Verificação do nível de apropriação da linguagem escrita
- Teste diagnóstico linguístico de Pamela Kvilekval[16] (atenção: exige-se formação específica para aplicação e utilização desse teste)
- Observação dos cadernos

Após a realização da testagem e a apuração dos dados, segue-se a elaboração do segundo sistema de hipóteses. Trata-se de uma nova linha de pesquisa na qual o psicopedagogo levanta interrogações sobre o desempenho do sujeito avaliado e as circunstâncias em que ele está inserido.

Elaboração do segundo sistema de hipóteses

O segundo sistema de hipóteses corresponde à sistematização e à análise dos instrumentos utilizados na linha de pesquisa. Nesse momento, espera-se:

• • • • •
16 Pamela Kvilekval é educadora especializada em dificuldades de aprendizagem e criadora do método **panlexia** para identificação e reabilitação da dislexia.

- saber como é o desempenho do sujeito avaliado no diagnóstico operatório, pois já se consegue determinar o grau de algumas aquisições importantes do desenvolvimento cognitivo;
- compreender a qualidade dos vínculos que o sujeito estabelece com a aprendizagem nas três instâncias – escolar, familiar e intrapessoal (consigo mesmo);
- reconhecer as competências acadêmicas do sujeito e seus conhecimentos escolares, bem como aquilo de que ele não consegue dar conta.

É no segundo sistema de hipóteses que há uma aproximação significativa entre o nível semiológico e o nível patogênico, ou seja, sintoma e localização da causa, o porquê da ocorrência do sintoma.

Com base nesses dados, o psicopedagogo prepara a nova linha de pesquisa, com questões que compõem a entrevista da anamnese. As indagações devem privilegiar reflexões que levem à confirmação ou não das hipóteses levantadas até o momento.

Anamnese

A *anamnese* – palavra formada pela junção dos termos gregos *ana*, "trazer de novo", e *mnesis*, "memória" (Pontes, 2020) – consiste em uma entrevista com os pais do sujeito/cliente. Ela não deve ser pensada como perguntas dispostas em um rol de questões, mas deve ser proposta com indagações que venham a comprovar ou a descartar as hipóteses levantadas anteriormente, por exemplo: "Fale-me sobre a gestação de fulano".

Visca (1994) orienta que a anamnese deve ser realizada de forma aberta, permitindo ao entrevistado que fale livremente e, quando for propício, que o psicopedagogo faça interrupções com indagações que objetivem a investigação de pontos essenciais sobre o passado e o presente do cliente. Dois critérios são mencionados por Visca (1994) para a realização da anamnese na avaliação pelo modelo da epistemologia convergente:

1. Ser aberta, sem roteiro, o que permite ao entrevistado a construção própria de raciocínio.
2. Ser situacional, ou seja, compreender o momento atual correlacionando-o com a história do sujeito desde sua gestação.

Outras modalidades de entrevista também são utilizadas no processo de avaliação, como na escola, com a coordenação e os professores, e com profissionais que ainda atendem o sujeito ou já o atenderam.

Após a análise e a reflexão sobre os dados obtidos na anamnese e nas entrevistas, elabora-se o terceiro sistema de hipóteses, com base no qual se constrói a imagem do sujeito.

Elaboração do terceiro sistema de hipóteses

Com os dados colhidos durante a anamnese, elabora-se, então, o terceiro sistema de hipóteses, em que se pressupõe que as respostas às questões anteriores levantadas na linha de pesquisa tenham sido respondidas, o que ajuda a identificar com mais precisão o nível patogênico (obstáculo) do qual se origina a dificuldade de aprendizagem do sujeito avaliado.

É o momento de "fechar a avaliação", elaborar a hipótese diagnóstica e formar a imagem do sujeito.

Devolutiva

A devolutiva refere-se ao momento em que novamente há o encontro com o contratante para relatar a ele o resultado da avaliação.

Nessa ocasião, é entregue o **informe psicopedagógico**, que deve ser um relato para os pais ou responsáveis sobre os resultados obtidos no decorrer do processo avaliativo. Esse documento deve contemplar, além dos dados obtidos na avaliação, a hipótese diagnóstica e o **prognóstico**.

O prognóstico deverá ter como objetivo orientar a família sobre hipóteses de estados futuros da situação da aprendizagem da criança, com agentes corretores ideais e possíveis e sem agentes corretores (ver a Seção 4.3, sobre intervenções psicopedagógicas). Muitas famílias não conseguem dar conta de promover os agentes corretores ideais por questões financeiras ou até por falta de tempo, visto que os pais trabalham e não têm disponibilidade para levar a criança a todos os atendimentos necessários. Por isso, Visca (1994) afirma que é necessário orientar os pais, levantando o que é mais importante naquele momento, para que analisem o que é possível fazer. Esse autor explica que é preciso registrar as hipóteses do que poderá acontecer se a criança ou o sujeito não receber agentes corretores, ou seja, não realizar o processo corretor (Visca, 1994).

Os agentes corretores devem estar relacionados com as indicações que serão feitas à família, que podem ser gerais e específicas:

- **Indicações gerais** – Referem-se à orientação para a procura de profissionais como neurologista, fonoaudiólogo e outros, conforme o resultado da avaliação.
- **Indicações específicas** – Referem-se às orientações objetivas para a superação das dificuldades do sujeito avaliado – cura ou melhora do sintoma –, que dependerá do grau e do nível de obstaculização da aprendizagem. Essas indicações estão relacionadas à duração, à frequência e à modalidade de atendimento psicopedagógico, além de fatores que orientam sobre a metodologia escolar, as atividades extracurriculares ou a prática de esportes, entre outras.

4.3
Intervenções psicopedagógicas (subjetivas e objetivas)

A intervenção psicopedagógica foi denominada por Visca (1994) de *processo corretor*. Ele assim denominou o atendimento propriamente dito por compreender que todos os indicadores e sintomas da dificuldade de aprendizagem são trazidos pelo sujeito e que o "processo corretor opera como um continente transformador dos conteúdos não metabolizados pelo sujeito" (Visca, 1994, p. 104, tradução nossa). Ou seja, há conteúdos que estão escondidos por trás de toda dificuldade de aprendizagem, os quais, com a ajuda de agentes corretores, podem ser elaborados e superados.

O processo corretor é um caminho – a cada passo dado, ele vai se modificando, com características de crescimento e de evolução. São dias diferentes uns do outros, durante os quais ocorrem avanços significativos. Esse processo de crescimento e de progresso pode ser favorecido por recursos utilizados pelo método clínico.

As intervenções podem ser oferecidas ao sujeito de forma subjetiva ou objetiva, conforme os sintomas e os obstáculos que o sujeito traz.

- **Intervenção subjetiva** – Refere-se à fala do psicopedagogo, é a intervenção dirigida por meio de palavras e/ou gestos.
- **Intervenção objetiva** – Refere-se ao recurso material físico que é oferecido ao sujeito – pode ser também denominada de *modalidade de atendimento*.

É importante ressaltar que, de acordo com Visca (1994):

- Os recursos devem ser utilizados com o objetivo de provocar modificações na conduta de um sujeito.
- Um recurso escolhido baseia-se em uma hipótese creditada em algo real, variável e emergente.
- Cada recurso manifesta-se em diferentes formas de expressão.
- A escolha de uma intervenção subjetiva depende de uma oportunidade que poderá ser eficiente ou não, conforme o momento em que o sujeito se encontra, de seu processo de desenvolvimento e de sua elaboração psíquica.
- Uma intervenção só será eficaz se for feita no momento certo, com a palavra adequada.

- A intervenção, portanto, deve ser oportuna, podendo ser verificada em um momento preciso a depender da razão que a trouxe à tona.

A utilização de uma intervenção busca mobilizar o sujeito, tendo como objetivo principal evocar os três níveis de conduta, uma vez que aspectos cognitivos e emocionais estão interagindo em todos os momentos de uma ação consciente e/ou inconsciente praticada por ele. Os três níveis da conduta a ser atingidos, sobre os quais falamos no Capítulo 1 deste livro, são: (1) o de indiscriminação, (2) o de dissociação e (3) o de integração.

4.3.1
Intervenções psicopedagógicas subjetivas

Conheça a seguir algumas intervenções que o psicopedagogo pode adotar a depender da situação:

- **Mudança de situação** – Por meio dessa intervenção, o psicopedagogo pode provocar uma mudança na dinâmica das sessões quando o cliente insiste em modelos de conduta estereotipados. Isso caracteriza-se pela alteração total ou em parte de uma constante do enquadramento, como: tempo, espaço, frequência e honorários. Também pode caracterizar-se pelas atitudes do terapeuta de dirigir-se ao cliente, por exemplo, uma forma de cumprimento diferente da habitual.

- **Informação** – Às vezes, o sujeito não avança por falta de informação. Nesse caso, o psicopedagogo pode intervir trazendo informações ou dando dicas de onde encontrar o que está faltando, mobilizando o sujeito para a busca do que ele está precisando, levando-o a pensar e a operar. Não é adequado dar a resposta objetivamente, mas sim ajudar o cliente a encontrá-la de forma objetiva. Por exemplo, o cliente pergunta: "Onde fica a República Dominicana?" Ao que o psicopedagogo responde: "Na estante, há um atlas geográfico que mostra onde fica a República Dominicana".
- **Informação com redundância** – Nesse caso, o psicopedagogo retoma a intervenção da informação, mas, dessa vez, altera o tom de voz, fazendo gestos e olhares ou até mesmo repetindo partes principais ou palavras da frase, de forma a reforçar a informação.
- **Modalidade de alternativas múltiplas** – O psicopedagogo dá alternativas para que o sujeito faça escolhas: "Você pode fazer isso, aquilo ou aquele outro". Usa-se essa intervenção, geralmente, quando o sujeito parece paralisado diante de determinada tarefa. Assim, o psicopedagogo mostra-lhe que, além daquele caminho, há outros. É um recurso muito usado com crianças pequenas.
- **Acréscimo de modelo** – O psicopedagogo percebe a modalidade de aprender do sujeito e traz mais elementos para ampliá-la. Por exemplo, a criança repetidas vezes utiliza a régua para cortar as folhas de papel ao meio. Então, o psicopedagogo, em vez de utilizar uma régua, dobra uma folha ao meio e assinala com firmeza a dobra;

em seguida, abre a folha e, com uma das mãos, divide-a, enquanto a outra mão segura-a pela outra extremidade.
- **Mostra** – Em vez de cumprir a intervenção com a fala, o psicopedagogo utiliza os gestos. Por exemplo, colocar o atlas geográfico sobre a mesa para que ele pesquise onde se localiza a Republica Dominicana.
- **Explicação intrapsíquica** – O psicopedagogo explica o que está acontecendo com o sujeito quando, em situações distintas, ele apresenta a mesma conduta. Por exemplo, o indivíduo manifesta dor de barriga quando se depara com uma situação nova, e então o psicopedagogo intervém: "Parece que você sente dor de barriga quando está com medo".
- **Mudança de papéis** – Inspirada na técnica de *role-play*, caracteriza-se por ser uma atuação dramática que o psicopedagogo realiza com a intenção de trazer à tona situações passadas ou futuras do cliente, visando à elaboração de condutas.
- **Assinalamento** – O psicopedagogo assinala o que acontece com base em um dos elementos da conduta do sujeito. Por exemplo, uma senhora que tem como objetivo melhorar suas produções escritas porque foi promovida no trabalho. Ela chega muito atrasada em todas às sessões, e o psicopedagogo ajuda-a a perceber que o atraso é uma maneira que ela tem de fugir da tarefa que se propôs. O profissional, então, intervém: "Você percebe que se propôs a melhorar suas produções escritas, mas chega atrasada às sessões e não dá tempo de aprender?" Chegar atrasada, nesse caso, é um aspecto da conduta, o significado, o ato em si.

- **Interpretação** – Essa intervenção é feita com base na leitura de todos os elementos da conduta, levando o sujeito a rever a própria conduta e ajudando-o a compreendê-la, pois esclarece o conflito real para que ele seja trabalhado. Vejamos a interpretação sendo utilizada no mesmo exemplo da senhora que se atrasa para as sessões: "Você diz que não sabe escrever bem, então se propôs a melhorar suas produções escritas, mas possivelmente sente medo e angustia diante dessa tarefa. Por isso, você se atrasa para as sessões para que não dê tempo de realizar seu aprendizado. Parece-me que você está fugindo do enfrentamento com o seu não saber". Nesse exemplo, a verbalização do psicopedagogo abrange todos os segmentos da conduta:
- **Motivação** – A fuga da tarefa.
- **Meta** – A evitação da tensão que o ato de escrever gera.
- **Objeto** – A escrita.
- **Significado** – Os atrasos.
- **Estrutura** – A conduta evitativa.

A diferença entre o assinalamento e a interpretação é que, no primeiro caso, o sujeito passa a perceber seu comportamento com base em apenas uma elemento da conduta; já no segundo caso, as cinco características da conduta ficam claras ao serem apresentada para o cliente.

4.3.2
Intervenções psicopedagógicas objetivas

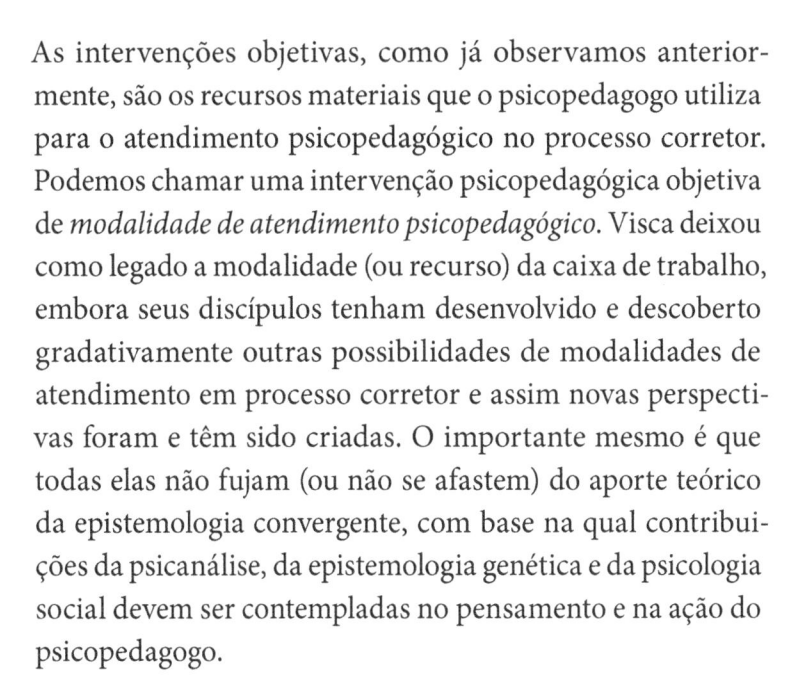

As intervenções objetivas, como já observamos anteriormente, são os recursos materiais que o psicopedagogo utiliza para o atendimento psicopedagógico no processo corretor. Podemos chamar uma intervenção psicopedagógica objetiva de *modalidade de atendimento psicopedagógico*. Visca deixou como legado a modalidade (ou recurso) da caixa de trabalho, embora seus discípulos tenham desenvolvido e descoberto gradativamente outras possibilidades de modalidades de atendimento em processo corretor e assim novas perspectivas foram e têm sido criadas. O importante mesmo é que todas elas não fujam (ou não se afastem) do aporte teórico da epistemologia convergente, com base na qual contribuições da psicanálise, da epistemologia genética e da psicologia social devem ser contempladas no pensamento e na ação do psicopedagogo.

Processo corretor: a caixa de trabalho, uma intervenção objetiva

Caixa de trabalho é o nome dado por Visca a uma intervenção objetiva dirigida especificamente ao processo corretor. Considera-se uma das constantes do enquadramento quando se trabalha ortodoxamente na linha da epistemologia convergente. A caixa de trabalho é o único tipo de intervenção psicopedagógica objetiva deixada e utilizada por Visca nos atendimentos que fez no processo corretor.

Com o passar dos anos, psicopedagogos que tiveram a formação direcionada pela epistemologia convergente realizaram pesquisas e construíram novos modelos de intervenções objetivas, como a caixa de areia, o material disparador, entre outros. Esses modelos não serão tratados nesta obra para que permaneçamos fiéis à obra do mestre Visca.

Vamos lembrar que o enquadramento busca delimitar e demarcar limites (portanto, enquadrá-los), razão pela qual a caixa de trabalho serve como continente ao cliente: o espaço da caixa de trabalho delimita e organiza os caminhos a serem percorridos no processo corretor.

Como "continente", a caixa deve conter objetos que desencadeiam todo o processo que levará o sujeito a elaborar e a ressignificar a aprendizagem. Após a avaliação psicopedagógica e com base na hipótese diagnóstica, a caixa é montada levando-se em consideração as condições do sujeito nas dimensões cognitiva, funcional, afetiva e social. Alguns materiais podem ser construídos no decorrer do atendimento – aqueles que se fizerem necessários e não constarem na caixa de trabalho devem ser providenciados para uma próxima sessão.

Sempre que uma sessão de atendimento psicopedagógico for iniciada, o cliente deverá encontrar a própria caixa sobre a mesa. Somente o dono da caixa poderá mexer nela. Quando se trabalha com grupos nessa modalidade de intervenção, a mesma conduta deve ser seguida – nesse caso, a caixa só poderá ser aberta pelo grupo.

Ao final do trabalho, ou seja, no momento da alta, o cliente e o psicopedagogo devem decidir o que será feito da caixa.

Os itens que podem constar na caixa de trabalho são: instrumentos (tesoura, lápis, borracha, apontador), material estruturado (baralhos, livros, jogos), material semiestruturado ou matéria-prima (argila, sucatas, cacos de madeira).

Figura 4.1 – Exemplos de caixas de trabalho (intervenção objetiva)

O prontuário psicopedagógico é um documento sigiloso. Por essa razão, ele não pode ser fornecido (ou divulgado) a pessoas estranhas ao processo corretor. Nele, constam anotações necessárias e importantes para o acompanhamento do atendimento psicopedagógico, cabendo a cada profissional elaborar a própria maneira de realizar suas anotações.

É importante ressaltar que todos os registros desde o processo diagnóstico até o processo corretor devem ser mantidos em sigilo e acessados apenas pelo psicopedagogo. Após o término dos atendimentos, esses documentos devem ser guardados por 5 anos, conforme previsto nos arts. 7º, 8º e 9º do Código de Ética do Psicopedagogo, atualizado pela ABPp em 26 de outubro de 2019 (ABPp, 2019, p. 3-4):

ARTIGO 7º

O psicopedagogo deve manter o sigilo profissional e preservar a confidencialidade dos dados obtidos em decorrência do exercício de sua atividade.

Parágrafo 1º – Não se entende como quebra de sigilo informar sobre os sujeitos e sistemas a especialistas e/ou instituições comprometidos com o atendido e/ou com o atendimento, desde que autorizado pelos próprios sujeitos e/ou seus responsáveis legais e sistemas.

Parágrafo 2º – O psicopedagogo não revelará, como testemunha, fatos de que tenha conhecimento no exercício de seu trabalho, a menos que seja intimado a depor perante autoridade judicial, e/ou em situações que envolvam risco à integridade física, moral ou risco iminente de morte.

ARTIGO 8º

O resultado de um processo de avaliação só será fornecido a terceiros interessados mediante concordância do próprio avaliado ou de seu representante legal.

ARTIGO 9º

Os registros de atendimento psicopedagógico são documentos sigilosos cujo acesso é restrito ao profissional psicopedagogo responsável. O material deve ser guardado por um período de 5 anos.

Parágrafo 1º – Os registros psicopedagógicos, em suporte de papel ou em eletrônico, deverão permanecer arquivados por um período de 5 anos após o encerramento do atendimento.

Parágrafo 2º – A divulgação pública de registros, imagens e áudios, decorrentes de atendimento psicopedagógico, só poderá ser feita mediante consentimento e/ou autorização dos sujeitos e sistemas ou seu responsável legal. Sobre o uso de imagens para qualquer finalidade deve haver autorização por escrito, inclusive imagens em mídias sociais e/ou quaisquer meios de comunicação.

Síntese

Neste capítulo, analisamos a avaliação no modelo da epistemologia convergente, que segue a seguinte ordem: entrevista da queixa ou contrato diagnóstico; Eoca; levantamento de hipóteses (primeiro sistema de hipóteses); linha de pesquisa; aplicação de testes; levantamento de hipóteses (segundo sistema de hipóteses); linha de pesquisa (questões para a anamnese); anamnese; hipótese diagnóstica (terceiro sistema de hipóteses); e devolutiva.

Também orientamos a como realizar intervenções psicopedagógicas (*processo corretor*, como denominou Visca), um caminho a ser percorrido com base nos indicadores e nos sintomas da dificuldade de aprendizagem que são trazidos pelo sujeito avaliado.

Indicações culturais

GÊNIO indomável. Direção: Gus Van Sant. Estados Unidos: Miramax Films, 1997. 126 min.

O filme retrata a história de um jovem de 20 anos que trabalha como servente de uma universidade e apresenta problemas de conduta, além de passagens pela polícia. Em razão de seu comportamento, uma determinação legal obriga-o a fazer tratamento psicológico, porém sem resultado satisfatório. Certo dia, ele resolve uma equação de matemática deixada por um professor na lousa, o que revela sua genialidade. Depois desse momento, ele encontra um terapeuta com quem consegue estabelecer um vínculo positivo.

O ENIGMA das cartas. Direção: Michael Lessac. Estados Unidos: Video Company, 1993. 109 min.

Uma mulher depara-se com a estranha mudança de comportamento de sua filha caçula, Sally, após o falecimento do pai em virtude de uma queda, quando fazia escavações arqueológicas em ruínas maias. A criança reage à morte do pai apresentando mutismo e passa a não dizer mais palavra alguma. A mãe busca a ajuda de um psicanalista, Jacob T. Beerlander, especialista em crianças autistas. Jacob tenta tirar Sally de sua desordem mental por métodos tradicionais, porém é a mãe que, ao reproduzir em grande escala um castelo de cartas que sua filha tinha construído, faz a diferença.

TERAPIA do amor. Direção: Ben Younger. Estados Unidos: Europa Filmes, 2005. 105 min.
Uma empresária divorciada apaixona-se por um artista judeu de 23 anos. Com a ajuda da doutora Lisa Metzger, sua terapeuta, a mulher busca superar as próprias inseguranças e aceitar a diferença de idade entre ela e o namorado. Tudo fica complicado para a Dra. Lisa quando ela descobre que o namorado de sua paciente é seu filho e passa a tentar separar o casal. Questões sobre a conduta profissional do terapeuta podem ser analisadas nesse filme.

Atividades de autoavaliação

1. Com relação ao enquadramento psicopedagógico, analise as seguintes afirmações.
    I) O enquadramento psicopedagógico, cuja origem está no método clínico, marca o elo profissional e delimita alguns elementos que fazem parte do trabalho psicopedagógico, para o qual é fundamental, uma vez que estabelece limites e impede interferências.
    II) Como no método clínico, o enquadramento psicopedagógico visa controlar as variáveis ambientais e estabelecer o vínculo entre o sujeito e/ou sujeitos e o psicopedagogo.
    III) O enquadramento é uma formalidade em determinados casos, uma vez que, a depender do grupo envolvido, ele passa a ser desnecessário para o atendimento psicopedagógico.

IV) As constantes do enquadramento são: tempo, espaço, frequência, honorários, condutas permitidas e interrupções reguladas.

Assinale a alternativa que apresenta as afirmações corretas:

a) I, III e IV.
b) I, II e IV.
c) I, II e III.
d) II, III e IV.
e) II e IV.

2. Complete as sentenças a seguir com as palavras adequadas.
   I) O recurso material que é oferecido ao sujeito também pode ser denominado *modalidade de intervenção* _____.
   II) A fala do psicopedagogo dirigida por meio de palavras e/ou gestos é a intervenção _____.

Assinale a alternativa que preenche corretamente as lacunas das sentenças anteriores:

a) concreta – objetiva
b) subjetiva – abstrata
c) objetiva – subjetiva
d) subjetiva – objetiva
e) abstrata – concreta

3. Durante a aplicação da Eoca, o psicopedagogo pode e deve fazer uso de intervenções subjetivas conforme a necessidade. É importante que, ao final desse procedimento

avaliativo, o psicopedagogo seja observador e faça as anotações sobre o que o sujeito trouxe de conteúdo falado, sobre o comportamento corporal dele e sobre o material que ele elaborou. Esses três itens foram denominados por Visca de:
a) temática, dinâmica e produto.
b) análise conceitual operativa, Ecro e impediente.
c) Ecro do sujeito, produto e prognóstico.
d) matriz do processo diagnóstico, dinâmica e impediente.
e) produto, Ecro e impediente.

4. O comentário "Você pode escrever, desenhar, ler ou fazer qualquer outra coisa" é uma intervenção do tipo:
a) informação.
b) mudança de papel.
c) alternativa múltipla.
d) assinalamento.
e) gestual.

5. A matriz do pensamento diagnóstico é:
a) um modelo cujo objetivo único é a aplicação da Eoca.
b) apenas o primeiro sistema de hipóteses dentro de um diagnóstico completo.
c) um esquema que pressupõe que a relação mãe e bebê é importante porque se trata da protoaprendizagem.

d) um esquema que tem três objetivos distintos: o diagnóstico propriamente dito, o prognóstico e as indicações.
e) um constructo que indica a nosografia, a etiologia e a semiologia de exames prévios.

Atividades de aprendizagem

Questões para reflexão

1. A imagem a seguir traduz um conceito importante sobre dificuldades de aprendizagem na epistemologia convergente. Por quê?

Niyazz/Shutterstock

2. Elabore uma lista com as queixas que você já ouviu sobre dificuldades de aprendizagem. Em seguida, ordene-as no quadro a seguir:

Obstáculo epistêmico	Obstáculo epistemofílico	Obstáculo funcional

3. Analise a seguinte intervenção subjetiva e indique de que tipo ela é:

"Eu percebi que você está fazendo de conta que está aprendendo".

Atividade aplicada: prática

1. Individualmente (ou reunido com colegas de estudo), aplique a Eoca alternando os papéis de psicopedagogo e de cliente.

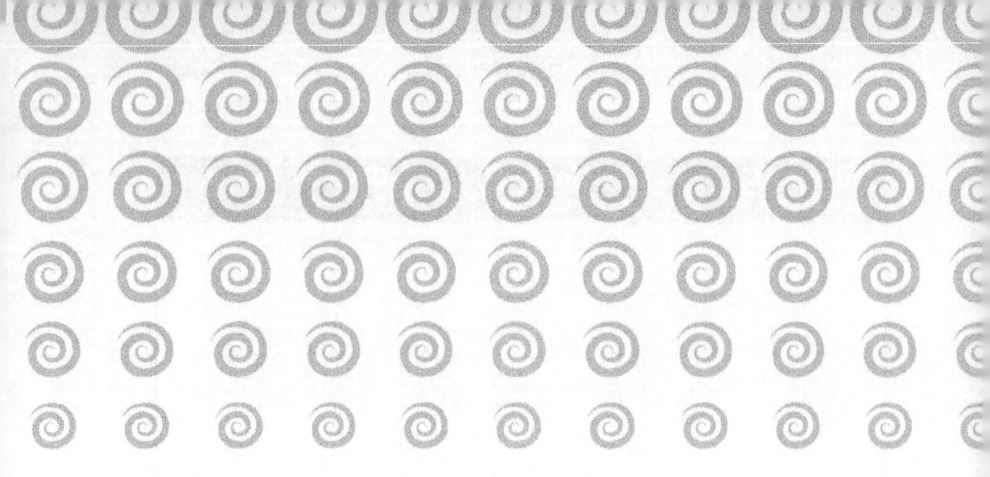

5
Psicopedagogia no contexto escolar

> A Psicopedagogia é um campo de conhecimento e ação interdisciplinar em Educação e Saúde com diferentes sujeitos e sistemas, quer sejam pessoas, grupos, instituições e comunidades. Ocupa-se do processo de aprendizagem considerando os sujeitos e sistemas, a família, a escola, a sociedade e o contexto social, histórico e cultural.
>
> *ABPp, 2019*

A escola configura-se como uma instituição, razão pela qual, de acordo com a teoria da epistemologia convergente, é uma unidade de análise da aprendizagem. Por isso, neste capítulo, trataremos dos aspectos que abrangem a aprendizagem no contexto escolar. Nossa discussão, que trará a modalidade de assessoramento psicopedagógico como uma possibilidade de atuação profissional, versa sobre o modo pelo qual a psicopedagogia pode atuar na prevenção das dificuldades escolares, diferenciando-se, portanto, do modelo de atendimento em consultório.

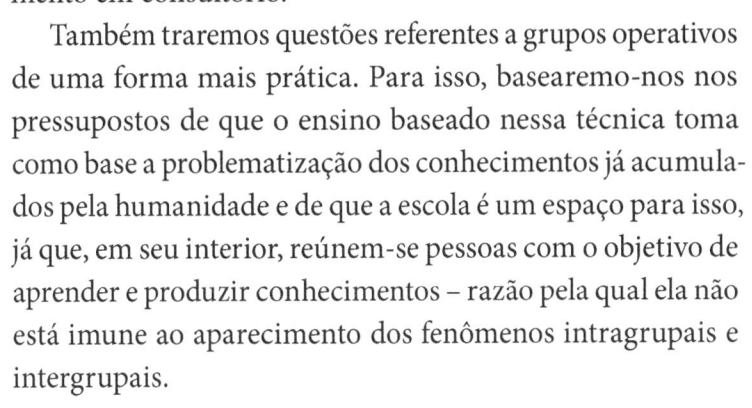

Também traremos questões referentes a grupos operativos de uma forma mais prática. Para isso, basearemo-nos nos pressupostos de que o ensino baseado nessa técnica toma como base a problematização dos conhecimentos já acumulados pela humanidade e de que a escola é um espaço para isso, já que, em seu interior, reúnem-se pessoas com o objetivo de aprender e produzir conhecimentos – razão pela qual ela não está imune ao aparecimento dos fenômenos intragrupais e intergrupais.

5.1
Assessoramento psicopedagógico

O assessoramento é a atividade realizada por um indivíduo ou por um grupo cujo objetivo é ajudar uma instituição a trilhar os próprios caminhos na prevenção, na minimização e na superação de problemas. Para a realização do assessoramento, deve haver pesquisa, orientação e assistência. Para isso, é necessária uma bagagem de conhecimentos específicos destinados à área em que se vai atuar. Nos dias atuais, o assessoramento é muito importante, principalmente porque vivemos em uma sociedade em que as novas informações promovidas pelo avanço tecnológico surgem rapidamente, tendo como consequência a origem de problemas decorrentes dessas mudanças.

O termo *assessoramento* deriva da palavra *assessorar*, a qual, historicamente, originou-se de atividades militares por volta de 1500 a.C., quando o Egito era governado pelo faraó Tutmés II. Podemos conferir essa informação no trecho seguinte de Oliveira e Nonato Júnior (2010, p. 2, grifo nosso):

> Segundo Dale e Urwick (1971, p.57), O termo **assessoria** deriva "da terminologia militar", e sendo assim "A história da evolução do uso dos assessores nos exércitos é muito interessante e data em seus primórdios de cerca de 1500 a.c." quando o Egito era governado por Tutmés. O autor [sic] relata que: "A mente militar já havia descoberto que nem mesmo a mentalidade de um faraó, descendente dos deuses, podia comandar com sucesso um exército, sem ajuda na execução das responsabilidades de comando" (DALE E URWICK, 1971, p. [sic]). Ou seja, já se tinha a ideia de que era necessário um grupo de pessoas assessorando tanto o governo do faraó quanto seus exércitos.

O assessoramento aponta mais uma forma de atuação do psicopedagogo no âmbito de instituições. Aqui, trataremos especificamente do assessoramento psicopedagógico na escola, suporte teórico e prático que vêm ganhando espaço na nossa sociedade e tem como pressuposto a utilização de conhecimentos e técnicas para otimizar os processos de ensino e de aprendizagem sistemática.

O assessoramento psicopedagógico escolar tem como finalidade, de acordo com Monereo e Solé (2000), potencializar a capacidade de ensinar dos professores e a capacidade de aprender dos alunos. Para esses autores, o trabalho psicopedagógico escolar apresenta-se em uma realidade complexa e multiforme porque ocorre em um contexto com variadas formas de práticas educativas, todas alicerçadas no conceito de educação que cada escola preconiza e no qual acredita.

Monereo e Solé (2000), baseados no modelo psicopedagógico educacional construtivo[1], recomendam algumas reflexões que auxiliam a realizar um assessoramento eficaz:

- Conhecer as escolas e suas necessidades.
- Ter claras as dimensões epistemológicas que norteiam os diferentes enfoques da intervenção psicopedagógica e definir quais destes são os mais adequados para a realidade da escola que se propõe assessorar.
- Perceber os diferentes sistemas ou departamentos que integram a escola, as equipes que foram constituídas (de diretores, de professores, grupos de alunos por séries e suas famílias).
- Identificar os tipos de vínculo que o assessor estabelece com a escola – se é funcionário da instituição ou se é contratado temporariamente. No primeiro caso, há necessidade de manter permanente distanciamento profissional para poder observar e caracterizar a realidade que

• • • • •
1 Visca iniciava o estudo sobre esse modelo quando faleceu, não deixando nada publicado sobre o assunto. Os discípulos do autor, no entanto, têm trabalhado no tema (com base no conceito de *psicopedagogia no âmbito da instituição escolar*).

se apresenta com clareza e, assim, propor as mudanças necessárias. Por sua vez, no segundo caso, é preciso tomar o cuidado para não cair nas armadilhas da relação "cliente-prestador de serviços", uma vez que a escola contratante é o cliente.

A especificidade do assessoramento psicopedagógico envolve a elaboração e a implantação de projetos, que podem ou não ser acompanhados pelo psicopedagogo assessor contratado, ou seja, que não tem vínculo com a escola. Contudo, entendemos que o acompanhando do profissional, do início ao fim do processo, torna o trabalho muito mais eficaz.

O trabalho de assessoramento psicopedagógico exige excelência na formação profissional do psicopedagogo, razão pela qual são imprescindíveis o conhecimento técnico e a atualização profissional constante, além do permanente exercício da reflexão a respeito das ideologias que subjazem as demandas sociais.

5.2
Psicopedagogia na prevenção das dificuldades de aprendizagem

A prevenção das dificuldades de aprendizagem é um tema bastante recorrente nas novas pesquisas da psicopedagogia. Como o próprio nome diz, ela tem como objetivo antecipar a ocorrência de possíveis problemas que o processo de aprender pode desencadear. Esse assunto também foi tema e preocupação de Visca (1998), que apontou duas possibilidades de caráter preventivo da psicopedagogia: (1) a prevenção primária e (2) a prevenção secundária.

5.2.1
Prevenção primária

Visca (1998) dividiu a prevenção primária em dois níveis: um relacionado à manutenção de condições ótimas de aprendizagem e outro relacionado a uma atenção especial a situações que podem gerar dificuldades de aprendizagem.

O primeiro nível, "condições ótimas de aprendizagem" (Visca, 1998, p. 82), considera que fatores endógenos e exógenos provocam possível dificuldade de aprendizagem.

Para melhor esclarecer essa questão, compreendemos que fatores endógenos são aqueles relacionados ao âmbito biológico e particular do organismo, como as doenças que se originam de herança genética – por exemplo, os casos de síndromes genéticas (síndrome de Down[2] e síndrome de TAR[3]). Os fatores exógenos, por sua vez, correspondem às

• • • • •
2 "Síndrome de Down, ou trissomia do cromossomo 21, é uma alteração genética causada por um erro na divisão celular durante a divisão embrionária. Os portadores da síndrome, em vez de dois cromossomos no par 21 (o menor cromossomo humano), possuem três" (Bruna, 2020).

3 "A síndroma de TAR (Mckusik 274000) é uma entidade autossómica recessiva caracterizada por anomalias dos membros, particularmente ausência de rádio associada a trombocitopenia hipomegacariócitica [sic]" (Silva et al., 2011, p. 47).

circunstâncias provenientes do meio ambiente, como infecções, acidentes, doenças que deixam sequelas (consequências) físicas, mentais ou sensoriais. O primeiro nível de prevenção primária relaciona-se diretamente com o campo somático, ou seja, o corpo físico, que, no esquema evolutivo da aprendizagem, também se denomina *substrato biológico* (Visca, 1994). Ele representa a atenção na gestação e os primeiros cuidados com o recém-nascido até os 24 meses. Para Visca (1994), é daí que se estruturarão a condição interna do sujeito e sua adequada interação com o meio social.

O segundo nível de prevenção primária Visca caracterizou como as questões que envolvem cuidado e atenção com situações que podem gerar problemas. Refere-se ao controle dos fatores patogênicos, ou seja, tem relação com os fenômenos ligados aos meios social e cultural em que o sujeito vive, em que os quatro estágios de aprendizagem – protoaprendizagem, deuteroaprendizagem, aprendizagem assistemática e aprendizagem sistemática – podem atuar de forma negativa para o estabelecimento de vínculo com a própria aprendizagem e, dessa forma, impedir ou dificultar o desenvolvimento do sujeito em sua totalidade.

As circunstâncias da vida podem elevar ou não o nível de operatividade ou de desenvolvimento de um indivíduo, facilitando ou não a construção de sua capacidade cognitiva e sua aquisição de conhecimentos. Entendemos aqui, com base em Visca (1998), o papel dos meios culturais, que podem barrar o desenvolvimento de um sujeito, criando déficits linguísticos no repertório verbal, motor e simbólico. Para o autor, um meio social com maior desenvolvimento intelectual favorece o desenvolvimento dos indivíduos que nele vive.

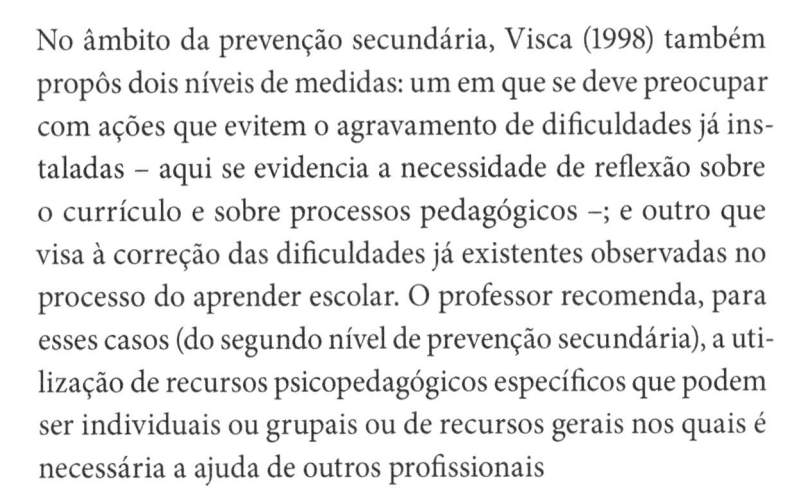

5.2.2
Prevenção secundária

No âmbito da prevenção secundária, Visca (1998) também propôs dois níveis de medidas: um em que se deve preocupar com ações que evitem o agravamento de dificuldades já instaladas – aqui se evidencia a necessidade de reflexão sobre o currículo e sobre processos pedagógicos –; e outro que visa à correção das dificuldades já existentes observadas no processo do aprender escolar. O professor recomenda, para esses casos (do segundo nível de prevenção secundária), a utilização de recursos psicopedagógicos específicos que podem ser individuais ou grupais ou de recursos gerais nos quais é necessária a ajuda de outros profissionais

5.3
Processo terapêutico e/ou processo preventivo?

A teoria da epistemologia convergente acredita na superação dos obstáculos de aprendizagem. Além disso, ela considera que, com a compreensão das causas do problema e com acompanhamento adequado, um sujeito consegue superar suas dificuldades de aprender. Com relação ao obstáculo epistemofílico (emocional), por exemplo, Visca preconizava que um sujeito é capaz de integrar processos que o ajudem a aprender. Com relação ao obstáculo epistêmico, o professor acreditava ser possível avançar na construção das estruturas cognitivas. No que diz respeito ao obstáculo funcional, Visca supunha ser possível implementar correções, uma vez que se refere ao desenvolvimento das capacidades do sujeito.

Fagali e Vale (1993) afirmam que as construções psicopedagógicas no Brasil foram além dos problemas de aprendizagem. As autoras postulam a perspectiva terapêutica do trabalho psicopedagógico e também a atuação preventiva. Essa abordagem busca reintegrar o sujeito que apresenta dificuldades de aprendizagem ao processo de construção do conhecimento. Por sua vez, a concepção preventiva caracteriza-se pela elaboração de projetos pedagógicos-educacionais que auxiliam e enriquecem as práticas pedagógicas em sala de aula, as avaliações e os planejamentos.

Embora a tecnologia ofereça informações variadas sobre tudo e a aprendizagem assistemática indique receitas e recomendações, a escola é a principal fonte de construção de socialização do saber. A questão da prevenção primária indicada pela teoria da epistemologia convergente pressupõe conhecimentos construídos e elaborados desde as primeiras etapas da escolarização e essenciais para a qualidade de vida. Nesse sentido, acreditamos que a escola deve oferecer conteúdos que conversem diretamente com as questões que envolvem o sentido da vida, proporcionando o desenvolvimento de uma consciência responsável às futuras gerações.

5.4
Psicopedagogia no âmbito da instituição escolar

O que difere o trabalho psicopedagógico feito no espaço clínico daquele implementado no âmbito escolar é a especificidade de cada um. No primeiro caso, trabalha-se individualmente com um sujeito. Dessa forma, a relação em cada sessão é entre o psicopedagogo e o **sujeito** que procura ajuda. Por sua vez, o trabalho na escola é voltado para vários indivíduos, visto que se compreende que nesse local há um **grupo** de pessoas que aprendem e, nesse sentido, a comunidade escolar ou todas as pessoas que interagem nesse ambiente estão envolvidas nos processos de ensino e de aprendizagem.

Visca (1997c, p. 51, tradução nossa) explica que, "No entanto, assim como o indivíduo é um organismo que aprende, o mesmo ocorre com o grupo, a instituição e a comunidade". As palavras do professor nos fazem entender que, se o indivíduo aprende, o mesmo acontece com o grupo, a instituição e a comunidade.

A escola é um local de encontro de pessoas, onde a subjetividade está presente, onde aspectos afetivos e cognitivos, valores e atitudes tecem as relações, principalmente entre professores e alunos e entre alunos e alunos, uma vez que a escola é marcada pela convivência e pela interação social.

Para Weiss (1997), a escola deve ser organizada em função do melhor ensino e da condução do bom gerenciamento das ansiedades que aparecem no processo de aprendizagem e que podem ser geradas por conflitos da própria instituição. O aluno, no papel de depositário desses conflitos, vive ansiedades que podem causar a desestruturação de sua conduta.

Ainda para essa autora, a ação docente deve favorecer a ação de **aprender a aprender**, oportunizando situações de inovação e de criatividade, nas quais o aluno possa vivenciar a construção do próprio processo de aprendizagem, sendo capaz de investigar, pesquisar e produzir conhecimento (Weiss, 1997).

Com base em nossos estudos (Ferreira, 2007) e nas reflexões de Behrens (1996), entendemos que **o aluno é o sujeito central da instituição**. Por essa razão, ampliamos nossa visão e entendemos que cabe ao docente:

- provocar novas experiências de aprendizagem;
- trabalhar a autonomia do aluno;
- renovar constantemente o trabalho pedagógico de sala de aula;
- reconhecer que os alunos trazem consigo uma bagagem de conhecimento que não pode ser ignorada;
- estimular o avanço no caminho percorrido no processo de aprendizagem do aluno, mesmo que este apresente dificuldade;
- favorecer a participação de processos coletivos;
- incentivar os alunos a defender seus argumentos;
- criar o inter-relacionamento entre professor e aluno, concretizado pelo incentivo à criação, à crítica, ao debate, à reflexão e à pesquisa;
- auxiliar a transformar a realidade social, política, econômica e cultural por meio da sua prática pedagógica.

Hoje em dia, precisamos de escolas e de profissionais da educação que tenham autonomia para produzir conhecimentos e, na construção destes, aliar recursos metodológicos e meios tecnológicos, os quais, sobretudo, ajudem-nos a chegar perto de respostas que revelem a nossa capacidade de nos humanizarmos, acreditando no bem comum e em uma nova ética que se preocupe com o planeta e prepare-o para as futuras gerações. Por isso, o papel do psicopedagogo é importante.

Para Vinocur (2013), a psicopedagogia na escola imprime uma reformulação do modelo do atendimento em consultório. A autora relata a própria experiência em classes de adolescentes: a presença do psicopedagogo em sala de aula diagnosticou, por meio de uma observação "minuciosa e contínua do desempenho cognitivo e dos aspectos relativos a como os alunos estabelecem seus vínculos" (Vinocur, 2013, p. 94). Porém, para adentrar na sala de aula, primeiramente o psicopedagogo deve trabalhar com os professores para mostrar que não se trata de uma invasão ou de uma intromissão, evitando sentimentos persecutórios. É importante deixar claro que esse exercício tem como objetivo explicitar e compartilhar o trabalho em equipe na compreensão das causas dos problemas de aprendizagem.

> O trabalho junto aos professores será dirigido com o intuito de fundamentar os motivos e a importância desta modalidade de inserção, com o propósito de explicar e compartilhar objetivos que permitam construir e assegurar um projeto de trabalho de equipe. Esta atitude contribuirá para que os professores se sintam confortáveis, à vontade e seguros na presença de um colaborador, que os auxiliará a discriminar as possíveis causas

dos problemas de aprendizagem e que tentará colaborar com subsídios para sua tarefa. (Vinocur, 2013, p. 94)

A experiência da autora em coordenação pedagógica e as visitas constantes que ela fez a escolas como psicopedagoga no âmbito clínico revelam que essas instituições também, como sujeitos da aprendizagem, precisam aprender diariamente, uma vez que estão envolvidas em uma teia de relações que trazem demandas individuais e sociais.

A questão da educação inclusiva, por exemplo, ainda suscita habilidades e competências que estamos aprendendo a desenvolver e com as quais estamos descobrindo como lidar. Não se pode pensar em inclusão escolar sem que um psicopedagogo seja ouvido a fim de orientar professores para o trabalho em sala de aula e para a utilização das mais recentes pesquisas sobre a aprendizagem humana.

Além do que conceitos e práticas que delineiam a especificidade do fazer psicopedagógico podem ser socializados com a escola, por exemplo, o enquadramento e a utilização de jogos. Quando professor e alunos têm claros seus limites e suas possibilidades, a relação em sala de aula fica mais saudável e flui uma comunicação que promove uma melhor aprendizagem.

5.5
Ensino e aprendizagem na escola por meio da técnica de grupos operativos

Como já vimos, a aprendizagem não ocorre só no indivíduo, mas ela também acontece no grupo, na instituição e na comunidade. Esses vetores em que ela ocorre são **unidades de análise**. A escola envolve, além do indivíduo e sua particularidade, um grupo de pessoas que estão ali com o propósito de aprender.

Em uma escola, encontramos um grupo, no qual cada integrante traz consigo aspectos afetivos e cognitivos. Surgem, nesse contexto, fenômenos intragrupais e intergrupais, pois se envolve o grupo maior: a comunidade.

Cada pessoa de um grupo reage de maneira própria, ou seja, produz condutas que se estabilizam em maior ou em menor grau. Se considerarmos o grupo em sua totalidade, poderemos, como dito no início deste tópico, defini-lo como uma unidade de análise.

Embora a aprendizagem possa ocorrer de forma grupal, é importante compreender que em um grupo há variedades culturais. O mesmo acontece quando se trata de uma instituição que engloba vários grupos dentro de um grupo maior. A diferença, nesse caso, é que uma instituição apresenta regimentos e regulamentos que procuram nortear as ações dos sujeitos nela envolvidos. As instituições avançam com base em experiências positivas e negativas e mudam seus valores e suas normas. E, quando isso acontece, podemos dizer que a aprendizagem ali se fez presente.

Vale considerar, então, que a constituição de uma escola envolve vários grupos; e a classe escolar também se caracteriza como um grupo dentro de um grupo maior (a escola). Em se tratando especificamente de uma classe escolar, fica implícito que ali se encontram pessoas com um objetivo comum: construir conhecimento ou produzir aprendizagens.

Se levarmos em conta os termos da técnica de grupos operativos, podemos inferir que, no mencionado grupo, o objetivo comum que se busca é o processo da aprendizagem – aprender representa a tarefa do grupo.

Nesse sentido, a aprendizagem só será alcançada quando se trabalharem as questões que a envolvem, percurso no decorrer do qual, certamente, haverá problemas e conflitos, uma vez que, além da vinculação do grupo com a tarefa durante sua execução, surgirá a vinculação entre os próprios integrantes do grupo. Cada pessoa que faz parte de um grupo carrega consigo o próprio esquema conceitual, referencial e operativo (Ecro). Assim, uma aprendizagem ocorre quando o Ecro individual permite modificações nas estruturas do aprender – a rigidez gera barreiras que impedem o aparecimento da aprendizagem. Gradualmente, vai-se construindo o Ecro grupal, possibilitando "a máxima heterogeneidade dos integrantes com máxima homogeneidade da tarefa" (Bleger, 1998, p. 80).

De acordo com Bleger (1998), ensino e aprendizagem são passos inseparáveis em um processo único e dinâmico, pois quem ensina também aprende enquanto ensina, ou seja, "quando existe alguém que aprende, tem de haver outro que ensina, como também em virtude do princípio segundo o qual não pode se ensinar corretamente enquanto não se aprende e durante a própria tarefa de ensinar" (Bleger, 1998, p. 61-62).

Ao organizar o ensino em grupos operativos – isto é, um conjunto de pessoas cujo objetivo é o mesmo –, é fundamental que o corpo docente da escola vivencie uma aprendizagem mútua, rompendo o paradigma tradicional de que existe um alguém que ensina e outro alguém que aprende. Ao professor, cabe desarmar-se de sua insegurança diante de conteúdos que desconhece – aqui o "não sei" é importante porque mostra a dimensão humana do docente, desmistifica sua onipotência e reduz seu narcisismo.

Bleger (1998, p. 63) acredita que

> a melhor "defesa" é conhecer o que se vai ensinar e ser honesto na valorização do que sabe e do que se desconhece. Um ponto culminante desse processo é o momento em que aquele que ensina pode dizer "não sei" e admitir assim que realmente desconhece algum tema ou tópico. Esse momento é de suma importância, porque implica – entre outras coisas – o abandono da atitude de onipotência, a redução do narcisismo, a adoção de atitudes adequadas na relação interpessoal, a indagação e a aprendizagem, e a colocação como ser humano diante de outros seres humanos e das cosias tais como elas são.

O ensino baseado na técnica de grupos operativos é feito com base na problematização dos objetivos do próprio ensino, à medida que explicita as dificuldades e os conflitos que aparecem em meio a esse processo. Não é pressuposto que se deva ensinar o já comprovado, e sim reelaborar o que já foi dito sobre informações científicas, problematizando o conhecimento acumulado pela humanidade, descortinando novas verdades. Bleger (1998, p. 69) argumenta que, na técnica operativa, toda informação deve ser assimilada e incorporada "como instrumento para voltar a aprender e continuar criando e resolvendo os problemas do campo científico ou tema trabalhado".

Assim, o ensino com grupos operativos trabalha com base em determinadas informações que podem ser trazidas de maneira intelectual ou informal, o que, na verdade, indica algo latente, que se mostra como emergente do grupo. A quantidade dessas informações deve ser dosada e vir em tempo adequado para que não gere ansiedades desnecessárias, evitando a desorganização mental e a ansiedade confusional no processo de elaboração de conceitos e na configuração do Ecro grupal.

5.5.1
Papéis, informação, funcionamento e tempo nas práticas de grupos operativos no ensino

Como já vimos no Capítulo 2, na técnica de grupos operativos o grupo é coordenado por uma equipe com três integrantes. Cada membro dessa equipe desempenha um papel: de coordenador, de observador da temática e de observador da dinâmica. Essas pessoas têm como objetivo ajudar a produzir e a realizar determinada tarefa. No caso de grupos de ensinos, a tarefa é a aprendizagem.

É importante ressaltar aqui dois fatores: (1) cada um dos integrantes[4] de um grupo comunica-se por meio de papéis que assume em dado momento; e (2) em um grupo saudável, há circulação desses papéis entre os integrantes, que assim ajudam o conjunto a avançar. O papel do porta-voz é dizer o que todos estão sentindo e propor, de certa forma, uma mudança. O sabotador é aquele que assume uma liderança negativa e desvia o grupo da tarefa. O bode expiatório é aquele a quem a culpa pelo não avanço do grupo é atribuída.

Bleger (1998) explica que a aprendizagem é um processo que desencadeia diferentes momentos em que os papéis sucedem-se, alternam-se ou fixam-se (estes últimos podem levar a confusões e à imobilidade do grupo). Para que cada momento ocorra, então, os integrantes devem assumir papéis ou condutas e comunicar-se em nome do grupo. Bleger (1998, p. 86-87) exemplifica esse pressuposto relatando a experiência realizada no curso de Introdução à Psicologia promovido pela Faculdade de Filosofia e Letras de Buenos Aires. Nesse estudo, o autor elencou oito momentos que ocorrem no processo de aprendizagem grupal:

1. Momento paranoide – O objeto de conhecimento é vivenciado como perigoso, razão pela qual aparecem atitudes de desconfiança e de hostilidade.
2. Momento fóbico – Evita-se o objeto de conhecimento, estabelecendo-se distância em relação a ele.
3. Momento contrafóbico – Agressão e ridicularização do objeto de conhecimento, que é atacado compulsivamente.

• • • • •
4 Vale lembrar quem são (ver Capítulo 2): líder de resistência, líder de mudança, porta-voz, bode expiatório e sabotador.

4. Momento obsessivo – Tentativa de controlar e de imobilizar o objeto de conhecimento por meio de estereotipia ou ritual. Pode aparecer em perguntas cujo objetivo é o controle.
5. Momento confusional – A defesa (qualquer uma das anteriores) fracassa e acontece a entrada em uma situação de confusão entre o eu e o objeto com seus diferentes aspectos, que não podem ser discriminados.
6. Momento esquizoide – Organização relativamente estável da evitação fóbica. Há uma estabilização da distância em relação ao objeto por meio do esquecimento e da volta para objetos internos.
7. Momento depressivo – Os diferentes aspectos do objeto de conhecimento foram introjetados e procede-se a sua elaboração (pode ser apenas uma tentativa).
8. Momento epileptoide – Reação contra o objeto no esforço de destruí-lo.

Durante a sessão do grupo operativo, cada integrante deve assumir os mencionados papéis, os quais, por sua vez, devem circular entre todos. Se isolado(s), estereotipado(s) ou cristalizado(s) – ou seja, quando o(s) integrante(s) do grupo age(m) sempre com o mesmo papel/conduta –, demonstra(m) bloqueio no processo de aprendizagem.

Com relação à frequência e ao tempo com que deve ocorrer o grupo operativo, Bleger (1998) orienta que o ideal é que aconteçam sessões regulares, preferencialmente diárias, com a duração de mais de uma hora. Segundo o autor, é depois dos primeiros 50 ou 60 minutos que o rendimento do grupo avança. O psiquiatra relata, ainda, que Pichon-Rivière insistia no trabalho acumulativo que se seguia por horas de trabalho, sem causar cansaço e tensões – ao contrário, motivava o grupo a aumentar seu rendimento.

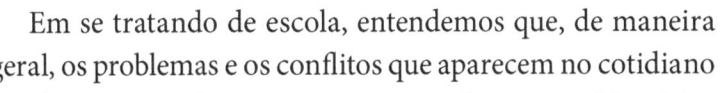

Em se tratando de escola, entendemos que, de maneira geral, os problemas e os conflitos que aparecem no cotidiano escolar são manifestações emergentes de uma problemática subjacente. Problemas que a escola vivencia, como indisciplina, violência, falta de compromisso, entre outros, são manifestações de um estado de variadas ansiedades e da falta de um sentimento grupal. Os alunos, com suas atitudes, de certa forma ocupam papéis que podem variar de líder de mudança a bode expiatório e manifestam os sintomas de uma escola e de uma sociedade doentes. Já é um grande passo na resolução dos problemas do cotidiano escolar reconhecê-los como sintomas, pois estes originam-se de uma causa que pode ser resolvida por meio do trabalho de grupo operativo.

É importante ressaltar que a técnica de grupos operativos pode ser utilizada na escola tanto no processo de construção de conteúdos acadêmicos específicos quanto no de superação dos conflitos relacionais.

Estudo de caso

Grupo que aprende

Você já assistiu ao filme *O sorriso de Mona Lisa*?
O SORRISO de Mona Lisa. Direção: Mike Newell. Estados Unidos: Columbia Pictures do Brasil, 2003. 114 min.

Ele mostra o conservadorismo da sociedade americana na década de 1950. Independentemente da capacidade intelectual de uma mulher da época, os objetivos dela eram direcionados para a formação de uma família, no centro da qual deveria estar o marido e a qual deveria ser a única grande conquista feminina. O papel fundamental das jovens mulheres na sociedade era transformarem-se em esposas cultas e mães responsáveis. O "bom" casamento dependia exclusivamente do empenho de uma "boa" mulher.

As barreiras que a mulher enfrentava naquela época passavam pela livre expressão e chegavam ao direito de gerir os próprios sonhos e o próprio destino. A sexualidade feminina era entendida como um grande tabu em que a virgindade era sinal de virtude absoluta.

No tempo ilustrado no filme, o tradicionalismo era forte, a ponto de uma enfermeira ser expulsa da universidade porque oferecia método contraceptivo a uma aluna. E a justificativa era resumida na fala: "Contraceptivos no *campus*, enfermeira, encoraja promiscuidade".

No filme *O sorriso de Mona Lisa*, a professora de arte Katherine Watson, vivida pela atriz Julia Roberts, era muito liberal para a tradicionalista e prestigiosa instituição acadêmica Wellesley College. A jovem professora buscava, por meio do ensino da arte, "abrir a mente" de suas alunas para o empoderamento e o posicionamento social, assumindo a identidade cultural como ser social e histórico. No filme, a professora enfrenta a hostilidade e a pressão da administração da escola o tempo todo. A ação docente de Watson estava determinada na criação e na busca de autonomia das alunas. A professora promoveu, nesse contexto, a aprendizagem por meio das informações que levou às alunas.

O maior desafio para Watson foi confrontar valores ultrapassados da sociedade e da instituição, por meio do ensino da arte. Sua prática pedagógica levou às alunas o questionamento e a reflexão sobre o que é arte e o que é belo ou contemplativo. A indagação proposta pela professora às alunas foi a seguinte: "A arte só é arte até as pessoas certas dizerem que é. E quem são essas pessoas?".

Watson instigou suas alunas, levando-as a enxergar a realidade em que viviam e a sonhar seus próprios sonhos para depois buscar caminhos para concretizá-los. Além disso, a professora as levou a questionar a própria época e o contexto histórico social em que viviam.

Em um primeiro momento, as alunas mostravam hostilidade e desqualificavam a professora, o que mudou ao final do filme, quando mostraram-se encorajadas para novos posicionamentos na sociedade da época. A mentira deu lugar à verdade; e o superficial, ao essencial.

Com formação em mestrado, coisa rara para mulheres na época, conhecedora do objeto de estudo de sua disciplina e de seu ofício, a professora Watson talvez tenha se inspirado nos pressupostos teóricos de Schopenhauer (Kestering, 2015), que acreditava que o conhecimento pela arte considera o que é essencial. Foi assim que ela ajudou as alunas a elaborar novos conceitos, abrindo suas próprias mentes e seus corações, possibilitando-lhes novos horizontes. Conforme Kestering (2015, p. 3, grifo do original):

> qual modo de conhecimento considera unicamente o essencial propriamente dito do mundo, alheio e independente de toda relação, o conteúdo verdadeiro dos fenômenos, não submetido a mudança alguma e, por conseguinte, conhecido com igual verdade por todo o tempo, numa palavra, as IDÉIAS

> que são a objetividade imediata e adequada da coisa-em-si, a Vontade? – Resposta: é a ARTE, a obra do gênio. Ela repete as ideias eternas apreendidas por pura contemplação, o essencial e o permanente dos fenômenos do mundo, que, conforme o estofo em que é repetido, expõe-se arte plástica, poesia e música [...].

Este estudo de caso baseado no filme *O sorriso de Mona Lisa* busca fazer com que você perceba e analise a aprendizagem grupal. Embora tenhamos clara a orientação de Bleger (1998) de que só se aprende a técnica do grupo operativo por meio da própria experiência e da vivência pessoal, o filme em questão pode levá-lo a conhecer o funcionamento de um grupo e a exemplificar muitas noções da técnica de grupos operativos.

O filme aborda conceitos sobre "como" e "em que medida" o novo pode desestabilizar a aprendizagem de um grupo acostumado à utilização de condutas ritualísticas no processo de aquisição do conhecimento. Essas condutas, para a maioria dos membros, garantiam a aprendizagem, embora acomodassem e distanciassem processos de mudança.

A apresentação do novo pode ser percebida na postura da professora ou na metodologia utilizada por ela quando introduziu em sala de aula a expressão *contemplação da arte*, quebrando métodos de ensino já cristalizados. Pode-se também dirigir à professora Watson o papel de coordenadora daquele grupo. Ela soube, com arte, paciência e ciência, administrar a hostilidade e as agressões recebidas das alunas e da gestão da universidade, conseguindo fazer com que as estudantes fossem capazes de incorporar e manipular informações, questionar e problematizar os conteúdos de ensino e também as próprias circunstâncias. Além de tantos outros elementos conceituais da teoria de grupo operativo que você poderá construir com base em suas reflexões, fica explícito no filme o que diz Bleger (1998, p. 94): "O grupo pode, assim, tanto adoecer como curar, organizar como desorganizar, integrar como desintegrar etc.".

Síntese

Neste capítulo, abordamos, de forma abrangente e aplicada, o assessoramento psicopedagógico, que é uma prática voltada para as escolas. Nesse contexto, vimos que a psicopedagogia também tem caráter preventivo (que se subdivide em dois tipos: prevenção primária e prevenção secundária), tendo como intuito, portanto, antecipar a ocorrência de eventuais problemas desencadeados nos processos de aprendizagem.

Com esse objetivo, o ensino escolar pode utilizar a técnica de grupos operativos. Assim, o que diferencia o trabalho psicopedagógico feito no espaço clínico daquele implementado no âmbito escolar é a especificidade de cada um deles, já que, no primeiro, o trabalho é individual e, no segundo, há um grupo de pessoas que aprendem.

Indicações culturais

A ONDA. Direção: Dennis Gansel. Alemanha: Constantin Film, 2008. 107 min.
A história desse filme se passa em uma escola da Alemanha. Em determinada ocasião, os alunos têm de escolher entre duas disciplinas eletivas, uma sobre anarquia e a outra

sobre autocracia. O professor Rainer Wenger decide formar um governo fascista dentro da sala para deixar as aulas mais interessantes. Os alunos escolhem o nome *A Onda* para o movimento que ali instalaram e definem o uniforme que usarão e até mesmo uma saudação. O professor perde o controle da situação, e os alunos começam a estender o movimento pela cidade, tornando o projeto da escola uma mobilização real. Wenger tenta acabar com o projeto quando a situação começa a ficar séria e o fanatismo passa a tomar conta das mentes dos alunos – porém, já é tarde demais.

ENTRE os muros da escola. Direção: Laurent Cantet. França: Sony Pictures Classics; Imovision, 2008. 128 min.

Esse filme retrata questões sobre disciplina escolar, sistema educacional, falta de estrutura familiar e diversidade cultural. François Marin é professor de língua francesa em uma escola de jovens da periferia de Paris. Ele busca oferecer um ensino de qualidade nos moldes franceses, porém se depara com uma realidade que o faz refletir sobre seu papel de educador à medida que se propõe a conhecer a realidade dos alunos.

ESCRITORES da liberdade. Direção: Richard LaGravenese. Estados Unidos; Alemanha: Paramount Pictures, 2007. 123 min.

O filme conta a experiência de uma professora de literatura que ministra aulas para uma classe de alunos agressivos e com problemas de aprendizagem, sem vontade de aprender e com dificuldade de estabelecer vínculos. Por meio de metodologia inovadora, a professora leva os alunos a desenvolver o sentimento de pertença na escola, na família e na sociedade.

Atividades de autoavaliação

1. Sobre o fenômeno de assessoramento, analise as seguintes afirmações.
   I) O assessoramento psicopedagógico no âmbito escolar é impraticável porque a escola revela-se muito complexa e multiforme.
   II) É importante o reconhecimento das necessidades da escola quando se propõe o trabalho de assessoramento psicopedagógico.
   III) O assessoramento psicopedagógico é um novo campo de atuação para o psicopedagogo.
   IV) Toda escola carrega em seu fazer pedagógico crenças e valores sobre o mundo, cabendo ao assessor psicopedagógico reconhecê-los para auxiliar nas tomadas de decisão.
   V) A especificidade do assessoramento psicopedagógico envolve a elaboração e a implantação de projetos.

   Assinale a alternativa que apresenta as afirmações corretas:

   a) I, II, III e IV.
   b) I, III, IV e V.
   c) II, IV e V.
   d) II, III, IV e V.
   e) III e IV.

2. Sobre a teoria da epistemologia convergente e a prevenção das dificuldades de aprendizagem, analise as seguintes afirmações.
   I) As condições ótimas de aprendizagem relacionam-se a fatores endógenos e exógenos.
   II) Para Visca, o papel dos meios culturais pode barrar o desenvolvimento de um sujeito, criando déficits linguísticos em seus repertórios verbal, motor e simbólico.
   III) Não é possível prevenir dificuldades de aprendizagem.
   IV) A escola pode agir na prevenção secundária das dificuldades de aprendizagem.
   V) A prevenção secundária refere-se a um quadro já instalado de dificuldade de aprendizagem.

   Assinale a alternativa que apresenta as afirmações corretas:
   a) I, II, IV e V.
   b) I, III, IV e V.
   c) II, IV e V.
   d) II, III, IV e V.
   e) III, IV e V.

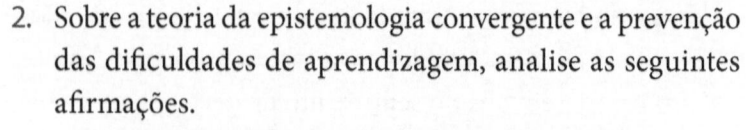

3. Com base na psicopedagogia no âmbito da instituição escolar, analise as afirmações a seguir e marque V para as verdadeiras e F para as falsas.
   ( ) O que difere o trabalho psicopedagógico no espaço clínico do espaço escolar é a especificidade de cada um. No clínico, trabalha-se individualmente com um sujeito, ou seja, a relação em cada sessão é entre

o psicopedagogo e o sujeito que procura ajuda. Já o trabalho na escola é voltado para grupos, pois lá há um grupo de pessoas.

( ) A ação docente deve favorecer o "aprender a aprender", oportunizando situações de inovação e criatividade.

( ) A psicopedagogia na escola não imprime uma reformulação do modelo do atendimento em consultório.

( ) A aprendizagem escolar precisa somente de recursos tecnológicos.

( ) O recurso pedagógico do enquadramento pode ser utilizado no âmbito da instituição escolar em sala de aula, uma vez que professor e alunos terão claros seus limites e possibilidades.

Assinale a seguir a alternativa que apresenta a sequência correta:

a) F, F, V, V, V.
b) V, F, V, F, V.
c) V, V, F, F, V.
d) V, F, F, V, V.
e) F, F, F, V, V.

4. Sobre grupos operativos no ensino, analise as seguintes afirmações.
   I) O papel do porta-voz é aquele que diz o que todos estão sentindo e propõe, de certa forma, uma mudança.

II) Em grupos operativos, quanto mais os papéis dos integrantes circulam, mais saudável o grupo se mostra.

III) Grupo operativo não se aplica ao ensino porque ele é mais adequado em trabalhos psicoterápicos.

IV) A indisciplina e a falta de compromisso dos alunos com os estudos podem indicar um sintoma da escola.

Assinale a alternativa que apresenta as afirmações corretas:

a) I e II.
b) I, II e IV.
c) I e IV.
d) II e III.
e) II, III e IV.

5. Relacione os oito momentos que ocorrem no processo de aprendizagem com suas respectivas definições.
   I) Momento paranoide
   II) Momento fóbico
   III) Momento contrafóbico
   IV) Momento obsessivo
   V) Momento confusional
   VI) Momento esquizoide
   VII) Momento depressivo
   VIII) Momento epileptoide

   ( ) Reação contra o objeto para destruí-lo.
   ( ) Agressão e ridicularização do objeto de conhecimento, que é atacado compulsivamente.

( ) Tentativa de controlar e imobilizar o objeto de conhecimento por meio de estereotipia ou ritual. Pode aparecer em perguntas cujo objetivo é o controle.
( ) Evita-se o objeto de conhecimento, estabelecendo-se distância em relação a ele.
( ) Os diferentes aspectos do objeto de conhecimento foram introjetados e procede-se (ou tenta-se proceder) a sua elaboração.
( ) Organização relativamente estável da evitação fóbica. Há uma estabilização da distância em relação ao objeto por meio do esquecimento e da volta para objetos internos.
( ) O objeto de conhecimento é vivenciado como perigoso, razão pela qual aparecem atitudes de desconfiança e de hostilidade.
( ) A defesa fracassa e acontece a entrada numa situação de confusão entre o eu e o objeto com seus diferentes aspectos, que não podem ser discriminados.

Assinale a alternativa que apresenta a sequência correta:

a) III, VIII, IV, II, VII, VI, I, V.
b) I, III, IV, VII, II, VI, VIII, V.
c) III, VIII, IV, II, VII, VI, I, V.
d) VIII, II, IV, III, VII, I, VI, V.
e) VIII, III, IV, II, VII, VI, I, V.

Atividades de aprendizagem

Questões para reflexão

1. Cite exemplos de fatores endógenos que podem causar dificuldade de aprendizagem em uma criança e reflita sobre as maneiras de lidar com esse problema, baseando-se no que você aprendeu neste capítulo.

2. Relate uma experiência que você teve com trabalho em grupo e relacione o funcionamento dessa atividade com os conceitos que envolvem a técnica de grupos operativos.

3. Como a psicopedagogia pode auxiliar o trabalho escolar?

Atividade aplicada: prática

1. Assista com colegas (ou familiares) ao filme *O sorriso de Mona Lisa* e promova a discussão sobre a temática do filme e a teoria de grupos operativos.

O SORRISO de Mona Lisa. Direção: Mike Newell. Estados Unidos: Columbia Pictures do Brasil, 2003. 114 min.

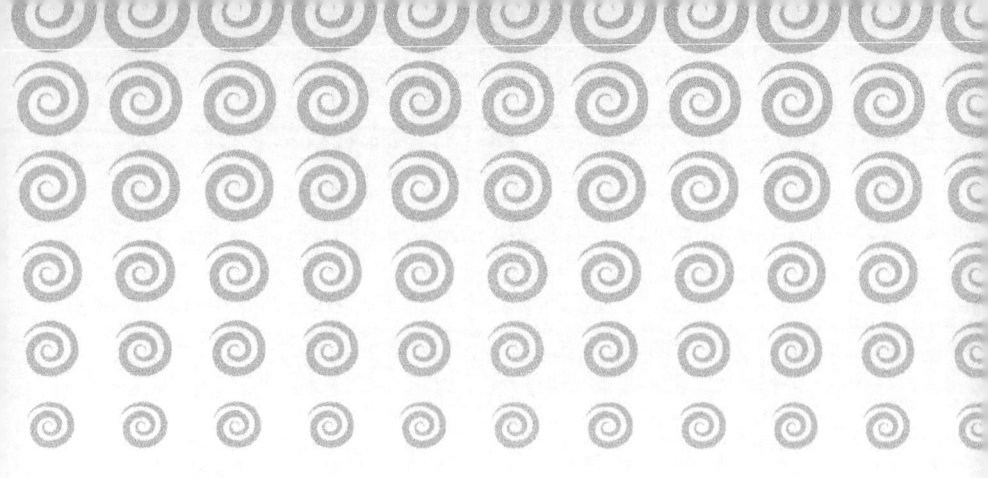

6
Psicopedagogia: novas contribuições

> A natureza jamais vai deixar de nos surpreender. As teorias de hoje, das quais somos justamente orgulhosos, serão consideradas brincadeira de criança por futuras gerações de cientistas. Nossos modelos de hoje certamente serão aproximações para os modelos do futuro.
>
> *Gleiser, 2006*

Iniciaremos este capítulo com conteúdos relacionados às neurociências, que, por meio de muitas pesquisas, têm trazido respostas a questões instigantes sobre como o ser humano aprende. Nossa intenção é oferecer a você, leitor, aspectos da psicopedagogia que indicam novos horizontes sobre a aprendizagem humana e que podem ser pensados como integradores à teoria da epistemologia convergente.

Nesse panorama, o assunto principal de nossa análise versa sobre as questões que se preocupam com o ser humano como um ser integral e que mostram que a educação ultrapassa os bancos acadêmicos com seus currículos engessados e abraça a vida em sociedade, trazendo à tona preocupações sobre a felicidade e a existência humana.

6.1
Psicopedagogia e teoria modular

A ciência tem papel indispensável na compreensão do processo da aprendizagem humana e contribui a cada dia para novas descobertas. A proposta da psicopedagogia modular é uma dessas novidades.

De acordo com Veiga e Garcia (2006), a psicopedagogia modular propõe uma abordagem na qual a teoria e a prática psicopedagógicas levem em conta e enfatizem a pluralidade das competências intelectuais de um sujeito, deixando de lado a perspectiva da dificuldade de aprendizagem. Essas ideias vêm conquistando lugar no campo da ciência junto de profissionais das instituições acadêmicas que querem melhorar suas práticas docentes. "A psicopedagogia na perspectiva da modularidade da mente sai do enfoque centrado nas patologias das dificuldades de aprendizagem para um enfoque modular, ou seja, leva em conta a pluralidade das competências intelectuais que atuam no processo de aprendizagem" (Veiga; Garcia, 2006, p. 103).

O modelo de avaliação e intervenção psicopedagógica na psicopedagogia modular traz como aportes teóricos três teorias: (1) a teoria triárquica de Robert J. Sternberg; (2) a teoria das inteligências múltiplas de Howard Gardner; e (3) a teoria da epistemologia convergente de Jorge Visca. Porém, a teoria modular propõe a revisão da dimensão cognitiva proposta por Visca, mantendo a dimensão afetiva e integrando a ela uma nova dimensão, que foi denominada por seus criadores de *dimensão motivacional*.

No modelo da psicopedagogia modular, tanto a avaliação quanto a intervenção psicopedagógica são propostas como um processo interativo, flexível e individualizado, baseado nas pesquisas da neurociência. Esse modelo de avaliação e intervenção em psicopedagogia parte da premissa de que os sistemas cerebrais são responsáveis pelos processos mentais cognitivos ou afetivos, conscientes ou inconscientes.

A psicopedagogia modular considera que os processos cerebrais acontecem em forma de rede, em módulos dentro de um organismo permeado por um contexto social. Nesse sentido, ela contraria a valorização do desenvolvimento acadêmico – uma vez que este contempla quase que exclusivamente a leitura, a escrita e a matemática – e do conhecimento para determinar se um sujeito apresenta ou não dificuldade de aprendizagem. É a escola que sinaliza o aparecimento de problemas conhecidos como *DIS* (dislexia, disgrafia, discalculia, entre outras) e, assim, atrapalha o sucesso de um sujeito em razão de suas inaptidões linguísticas e lógico-matemáticas.

O que, então, é dificuldade de aprendizagem para a psicopedagogia modular? No modelo da psicopedagogia modular, a dificuldade de aprendizagem é compreendida como o resultado da interação do sujeito com seu ambiente, no decorrer da qual características intrínsecas se inter-relacionam com as extrínsecas e determinam as dificuldades de aprendizagem que são valorizadas ou não pela sociedade – o contexto social em que o sujeito vive (Veiga; Garcia, 2006). Assim, os obstáculos de aprendizagem são decorrentes da interação do sujeito com o meio, e não especificamente intrínsecas ao sujeito.

De acordo com Veiga (2010, p. 12), essa proposta de avaliação e de intervenção psicopedagógica

> Revela como os processos mentais de cada inteligência estão atuando a partir do funcionamento das habilidades cognitivas correspondentes a cada processo mental, que por sua vez corresponde a uma determinada inteligência, propiciando o conhecimento das capacidades e dificuldades em cada sistema inteligente.

Nessa ótica, o cérebro e as novas descobertas sobre ele são o foco para o entendimento da inteligência humana, embora ainda haja muitos conhecimentos a serem compreendidos sobre o funcionamento desse órgão. Nesse contingente, a psicopedagogia modular busca potencializar todos os sistemas inteligentes de uma pessoa. Saem de cena o insucesso e a dificuldade de aprendizagem e entram em ação as potencialidades do sujeito a fim de desenvolver estratégias que facilitem e favoreçam a aprendizagem, oferecendo novas oportunidades e rotas alternativas.

A proposta da psicopedagogia modular, quando se trata da avaliação, resulta em um processo de avaliar e de intervir simultaneamente, com o intuito de revelar as potencialidades que os processos mentais de um sujeito têm, ao mesmo tempo que busca maximizar suas capacidades.

Esse modelo teórico traz uma maneira diferente de compreensão para a inteligência, pois substitui o modelo quantitativo, segundo o qual a estrutura geral cognitiva é entendida como imutável e estática, pelo conceito de sistemas inteligentes dinâmicos e plurais.

Na prática, a psicopedagogia modular utiliza-se de testes padronizados, porém não se limita ao uso e à interpretação desse recurso, uma vez que o processo avaliativo é concebido como uma relação mediadora do potencial prospectivo de um sujeito, uma tarefa de cooperação entre ele e o psicopedagogo. De acordo com a proposta, "O psicopedagogo passa a reconhecer como funcionam os sistemas inteligentes, os processos mentais e habilidades cognitivas aproximando-o da arquitetura cognitiva, do perfil cognitivo do sujeito" (Veiga, 2011, p. 3.069).

As três teorias – a teoria triárquica de Sternberg, a teoria das inteligências múltiplas de Gardner e a teoria da epistemologia convergente de Visca – integram-se, então, para sistematizar o novo modelo de atuação psicopedagógica.

Vamos conhecer as duas teorias ainda não estudadas neste livro para melhor compreender a psicopedagogia modular.

6.1.1
Teoria triárquica e teoria das inteligências múltiplas

A **teoria triárquica**, desenvolvida por Sternberg, propõe que, na atividade mental e na vida cotidiana, uma pessoa utiliza de três aspectos da inteligência para resolver situações-problema, conforme explicam Veiga e Garcia (2006, p. 65):

> O modelo põe em relação ao mundo interno da pessoa ou os processos mentais que destacam a conduta inteligente e o papel mediador das relações que ao longo da vida se estabelecem entre o mundo interno e o mundo externo do indivíduo e a atividade mental na vida diária para resolver problemas que o meio propõe. As três unidades apresentadas em sua teoria são: subteoria componencial ou inteligência analítica, subteoria experiencial ou inteligência criativa e subteoria contextual ou inteligência prática.

Como podemos ver na citação anterior, as três dimensões da inteligência para Sternberg (2000) são:

1. analítica;
2. criativa;
3. prática.

Desses tipos de inteligência, originam-se categorias de pensamentos, como mostra a Figura 6.1.

Figura 6.1 – Teoria triárquica

```
                    "Aplicar"
                    "Usar"
                    "Utilizar"

                  PRÁTICO

"Analisar"                          "Criar"
"Comparar"                          "Inventar"
"Avaliar"                           "Planejar"
        ANALÍTICO       CRIATIVO
```

Fonte: Sternberg, 2000, p. 416.

O modelo teórico de Sternberg (citado por Veiga; Garcia, 2006, p. 76) procura explicar "as bases e as manifestações do pensamento inteligente". O autor entende a inteligência como um processo promovido pelo mundo interno do sujeito, pela experiência que ele vive e pela realização das tarefas que o mundo propõe em um esquema dinâmico no qual os três sistemas atuam juntos. Sternberg, portanto, segundo Veiga e Garcia (2006), considera três pontos importantes sobre a inteligência: (1) o mundo interno do sujeito, (2) as experiências que um sujeito vive e (3) o mundo exterior.

Por sua vez, de acordo com Veiga e Garcia (2006), a **teoria das inteligências múltiplas**, desenvolvida por Gardner e fundamentada na neuropsicologia, acredita que a mente humana caracteriza-se por um conjunto de capacidades que levam a pessoa a vivenciar e a resolver as mais variadas situações da vida.

Gardner e Walters (1999, citados por Yus, 2002) definem inteligência como potencial biopsicológico. Com base nesse pressuposto, entendemos a competência cognitiva do ser humano como um conjunto de habilidades, talentos ou capacidades mentais. Portanto, a inteligência implica a habilidade necessária para resolver problemas ou para elaborar produtos que serão relevantes em certo contexto cultural ou em determinada comunidade. Em qualquer operação, o cérebro impõe o andamento de várias inteligências de maneira interativa.

Veiga e Garcia (2006) relatam que o estudo de Gardner propõe uma lista de nove inteligências que atuam de forma individualizada em cada pessoa. Yus (2002, p. 65), ao defender essa teoria, argumenta que "não é aceitável a noção de que todos os indivíduos nascem dotados de predisposições exatamente equivalentes em todas as áreas".

A teoria das inteligências múltiplas de Gardner, portanto, postula que a mente humana é um conjunto de capacidades aptas a resolver ou a elaborar situações particulares que cada sujeito encontra no próprio meio cultural. O pesquisador lista nove tipos de inteligência, a saber:

1. Inteligência linguística;
2. Inteligência musical;
3. Inteligência lógico-matemática;
4. Inteligência espacial;
5. Inteligência corporal-cinestésica;
6. Inteligência interpessoal;
7. Inteligência intrapessoal;
8. Inteligência naturalista;
9. Inteligência existencial.

Para Sternberg (2000, p. 414-415), portanto, a teoria apresentada por Gardner "especifica diversas capacidades que são construídas para refletir a inteligência de algum modo" – a ideia é que cada capacidade é uma inteligência e cada uma é independente.

6.1.2
Diagnóstico pela teoria da psicopedagogia modular

De acordo com Veiga e Garcia (2006, p. 116), o processo diagnóstico na teoria modular ocorre por três etapas:

> A primeira diz respeito a contextualização (do sujeito, do meio escolar e do sintoma apresentado). A segunda etapa refere-se ao perfil modular (ao levantamento do potencial de aprendizagem do sujeito e o sistema mental). E a terceira etapa caracteriza-se pela devolutiva realizada ao sujeito e à família.

Com base nas leituras dos postulados da teoria da psicopedagogia modular (Veiga, 2010; 2011; Veiga; Garcia, 2006), entendemos que a **primeira etapa**, denominada, portanto, *contextualização*, visa, por meio de entrevista/anamnese, coletar dados que ajudem a compreender o sujeito e o seu desenvolvimento, além de entender como lhe foram oportunizadas as potencialidades manifestas (suas possíveis inteligências múltiplas). Também são pertinentes a coleta de dados sobre o processo de escolaridade do indivíduo e a queixa trazida, ou seja, o sintoma que o sujeito apresenta.

A **segunda etapa**, mencionada como *perfil modular*, busca o reconhecimento do potencial de aprendizagem do sujeito. Em um primeiro momento, ela ocorre por meio do instrumento denominado *entrevista modular centrada na aprendizagem* (Emca), que foi inspirado e segue os princípios da entrevista operativa centrada na aprendizagem (Eoca) proposta por Visca. A Emca, que pode ser individual ou em grupo, apresenta-se em duas modalidades: direcionada ou aberta. A primeira foi idealizada para crianças de até 10 anos, ao passo que a segunda foi direcionada para crianças acima de 10 anos.

A Emca deve ser realizada em sala adequadamente organizada com materiais estruturados e semiestruturados (por exemplo, lápis, papéis, jogos, fantoches, argila, instrumentos musicais, terra, fantasias, espelho) que ofereçam a possibilidade de o sujeito (ou sujeitos) mostrar as inteligências propostas por Gardner. Ratificamos que a variedade e a seleção do material escolhido devem ser pensadas com base em cada uma das inteligências múltiplas. Nessa fase, levantam-se hipóteses sobre o agir do sujeito submetido à Emca, reconhecendo suas facilidades e suas dificuldades para aprender. Após o levantamento das hipóteses, ocorrem momentos avaliativos, em que é realizada a aplicação dos instrumentos avaliativos da psicopedagogia e os modulares – estes não serão abordados nesta obra).

Por sua vez, na **terceira etapa**, após estar finalizado o processo da avaliação, acontece a devolutiva ao sujeito e à família e entrega-se o informe diagnóstico.

Por questões práticas, não detalharemos o trabalho psicopedagógico na teoria da psicopedagogia modular, uma vez que nossa intenção nesta seção é levá-lo, leitor, a conhecer a mencionada teoria, mesmo que de maneira breve, para que assim se sinta convidado a pesquisar as novas descobertas da neurociência com mais profundidade, ajudando a manter viva e dinâmica a ciência da psicopedagogia.

6.2
Tecnologia, afetividade e aprendizagem na sociedade da informação

A sociedade mudou. Vivemos na era da informação. O acesso à informação não se resume mais a bibliotecas, livros ou instituições regulares. A escola vem perdendo seu lugar como única fonte de conhecimento e hoje divide espaço com a mídia e com as redes da internet, entre outros meios. A tecnologia presente em nosso dia a dia e suas ferramentas virtuais nos levam a interagir com o mundo digital.

Tablets estão substituindo livros e cadernos; a lousa passou a ser digital, e aulas podem ser assistidas a distância, *on-line* (de forma conectada). É a educação a distância (EaD) substituindo a sala de aula, em um processo de aprendizagem que envolve alta tecnologia e é facilitado por um mundo globalizado e digital. As salas de aula deram lugar aos ciberespaços, o espaço virtual, à tela do computador. É a internet ditando um novo modo de aprender.

Pierre Lévy (2013) defende a ideia da inteligência coletiva e da cibercultura (comunicação-informação-diálogo), segundo a qual a construção do conhecimento ocorre de forma colaborativa. Para esse estudioso, é preciso ter cuidado com o que é postado na internet, uma vez que tudo vira memória coletiva. Dessa forma, fazer uma seleção do conteúdo e analisá-lo antes de postá-lo é fundamental e acaba por ser uma aprendizagem.

O maior aprendizado que a internet proporciona é desenvolver o nosso espírito crítico, pois a internet é uma memória de produção coletiva e, por essa razão, a responsabilidade social para a memória coletiva é uma aprendizagem. Afinal, "tudo o que você posta na internet contribui para a memória coletiva" (Lévy, 2013). Nesse sentido, o espírito crítico deve ser aprimorado, e, em particular no caso da escola, os alunos precisam aprender a separar as fontes boas de informação das fontes ruins e, acima de tudo, transformar informação em conhecimento.

Os estudos de Lévy (2013) nos levam a pensar que o futuro reserva pessoas criativas, colaborativas e altamente concentradas, porque terão uma mente disciplinada, já que

> A gestão da atenção não é algo que começou com as ferramentas digitais. A disciplina mental, aprender a concentrar-se, é algo que sempre foi útil e que deve também ser aplicado com essas ferramentas. Não é possível estar diante de uma tela de computador e, de uma hora para outra, esquecer o que se está fazendo e ir fazer outra coisa, de qualquer jeito.

> **Diante do computador, é necessário controlar sua mente e se concentrar num objetivo de aprendizagem e de colaboração**. A sobrecarga cognitiva é realmente um problema falso porque é o mesmo que dizer que há livros demais em uma biblioteca. Muitos livros não provocam uma sobrecarga cognitiva. Você aprende a utilizar arquivos da biblioteca, as fichas, a escolher um livro mais adequado com seu objetivo e você lê esse livro. A gente não vai começar a ler a primeira página, depois buscar outro livro. Na plataforma on-line acontece o mesmo. A responsabilidade que faz a diferença. (Lévy, 2013, grifo nosso)

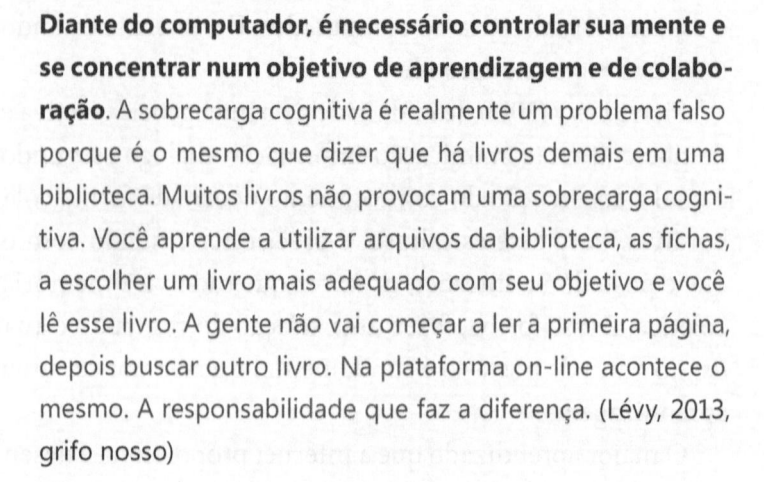

Até aqui, é possível perceber que os meios digitais oferecem ferramentas para a aprendizagem e para a produção do conhecimento na pós-modernidade. As grandes questões que ficam são: "O que será da afetividade e da subjetividade nos ciberespaços?"; "Há lugar para essas instâncias?"; "Até que ponto o mundo digital pode levar o sujeito ao isolamento e ao vazio existencial?".

Lévy (1999), ao mesmo tempo que tem uma expectativa otimista sobre as redes digitais, não deixa de levantar essas dúvidas. Para o autor, o ciberespaço, embora dê suporte para a construção da inteligência coletiva, pode também trazer outras formas de reações que não são positivas.

> Em primeiro lugar, o crescimento do ciberespaço não determina automaticamente o desenvolvimento da inteligência coletiva, apenas fornece a esta inteligência um ambiente propício. De fato, também vemos surgir na órbita das redes interativas diversos tipos de novas formas...

- de isolamento e de sobrecarga cognitiva (estresse pela comunicação e pelo trabalho diante da tela),
- de dependência (vício na navegação ou em jogos em mundos virtuais),
- de dominação (reforço dos centros de decisão e de controle, domínio quase monopolista de algumas potências econômicas sobre funções importantes da rede etc.),
- de exploração (em alguns casos de teletrabalho vigiado ou de deslocalização de atividades no terceiro mundo),
- e mesmo de bobagem coletiva (rumores, conformismo em rede ou em comunidades virtuais, acúmulo de dados sem qualquer informação, "televisão interativa"). (Lévy, 1999, p. 32)

Para Lévy (1999), a cibercultura será capaz de solucionar esses problemas, uma vez que a inteligência coletiva traz possibilidade de modificações constantes, sendo o veneno e o remédio para esse mal.

> Devido a seu aspecto participativo, socializante descompartimentalizante, emancipador, a inteligência coletiva proposta pela cibercultura constitui um dos melhores remédios para o ritmo desestabilizante, por vezes excludente, da mutação técnica. Mas, neste mesmo movimento, a inteligência coletiva trabalha ativamente para a aceleração dessa mutação. Em grego arcaico, a palavra "pharmakon"(que originou "pharmacie", em francês) significa ao mesmo tempo veneno e remédio. Novo pharmakon, a inteligência coletiva que favorece a cibercultura é ao mesmo tempo um veneno para aqueles que dela não participam (e ninguém pode participar completamente dela, de tão vasta e multiforme que é) e um remédio

para aqueles que mergulham em seus turbilhões e conseguem controlar a própria deriva no meio das correntes. (Lévy, 1999, p. 32)

Segundo Fonseca (2019), há diferença entre internet e redes sociais. A internet oferece rica fonte de possibilidades de aprendizagens, uma vez que apresenta recursos e oportunidades aos estudantes, independentemente do nível de escolaridade de cada "navegador". Por sua vez, as redes sociais, embora sejam uma parte da internet, representam um negócio específico, o qual, nesse sentido, "prevê uma série de ações e controle do comportamento das pessoas, programadas e desenvolvidas para viciar. [...]. Jovens estão deixando de exercitar a capacidade de concentração, por conta dos estímulos que os levam a consumir muita informação fragmentada durante o dia inteiro" (Fonseca, 2019).

Para esse pesquisador, nas ciências da educação, existe um campo de estudo que se denomina "*media literacy* ou *alfabetização midiática*" (Fonseca, 2019). O autor indica que, assim como precisamos conhecer os princípios de química, física e história, também precisamos aprender a refletir sobre nossa sociedade midiática, propondo-nos uma discussão mais aprofundada sobre as mídias e o seu papel. É perfeitamente possível e desejável levar as tecnologias para as salas de aula em cada uma das disciplinas do currículo acadêmico como recursos metodológicos e preparar os estudantes para que produzam e sejam criativos e reflexivos, em vez de passivos, em sua relação com as tecnologias.

Hoje em dia, cada um de nós é um **cidadão do mundo**, já que não vivemos isoladamente, e a nossa individualidade e a nossa subjetividade devem ser reforçadas e conquistadas diariamente. A internet e as diversas formas de comunicação virtual nos desafiam a novas aprendizagens, como a capacidade de aprender a tolerar e a respeitar os demais por entender que todos têm diferenças individuais – somos seres únicos, originais e indivisíveis e, ao mesmo tempo, interconectados em uma aldeia global.

O aprendiz de hoje está conectado o tempo todo, acessa o mundo em questão de segundos, alcança informações que promovem mudanças de comportamentos e de valores sociais rapidamente. É com esse aprendiz que a escola e o mundo precisam aprender a lidar, auxiliando-o em suas formações pessoal, acadêmica, ética, cidadã e transpessoal.

Vale mencionar que teóricos seguidores de Piaget têm ampliado seus estudos nessa direção. Conforme Sternberg (2000), alguns pesquisadores propõem um 5º estágio além daqueles das operações formais (ver Capítulo 2), ao qual dão o nome de *estágio do pensamento dialético*. Esse estágio revelar-se-ia pela capacidade que o ser humano tem de resolver os problemas da vida formulando alguma espécie de tese, mais tarde conseguindo perceber e elaborar a antítese para, então, chegar ao estabelecimento de uma síntese entre ambas, gerando uma nova tese, que, por sua vez, passaria pela mesma sequência da anterior, ampliando conceitos. O 5º estágio, para muitos neopiagetianos, seria denominado *estágio do pensamento pós-formal*. A esse respeito, Carretero e Cascón (1995, p. 280) afirmam que

> Trabalhos muito recentes propuseram a existência de outros modos de pensamento, qualitativamente diferentes do pensamento formal. Esses diferentes modos de pensamento, que

foram agrupados sobre o nome de pensamento pós-formal, caracterizam-se pela posse de um conhecimento relativo, que aceita a contradição como um aspecto da realidade e que concebe um sistema mais aberto de pensamento, no qual se incluem aspectos sociais e mais pragmáticos do que os representados pelos aspectos físicos newtonianos e lógico-matemáticos do pensamento formal.

A psicopedagogia, como deixamos claro, tem como objeto de estudo a aprendizagem, razão pela qual incentiva as novas gerações a ampliar e a fortalecer os propósitos para a construção de conhecimentos. A atuação psicopedagógica na nossa sociedade faz-se presente em todas as instâncias e tem muito por realizar na construção de novos conceitos, auxiliando a formulação de técnicas e reflexões sobre a aprendizagem.

6.3
Sentido do aprender na sociedade do século XXI

A Revolução Industrial acompanhou os pressupostos newtonianos e cartesianos ligados a uma visão mecanicista do Universo, enaltecendo a máquina que funciona para a produção de bens materiais e levando ao esquecimento a dimensão humana. Segundo Behrens (2000, p. 18), "na óptica mecanicista o universo organizou-se a partir da linearidade determinista de causa e efeito", levando o homem a separar a razão da emoção[1], fragmentando tanto a realidade externa quanto a interna, a dimensão interpessoal e a psíquica. Nesse sentido, cabem as seguintes indagações:

- Como a educação poderá ser aliada no processo de produção do conhecimento e de novas tecnologias na sociedade da informação e como ela poderá manter ávido o instinto de vida no ser humano?
- Qual paradigma poderá oferecer subsídios para essa nova visão de contexto?

Em um primeiro momento, cabe-nos creditar à sociedade científica sua real missão de pensar o Universo como um todo inter-relacionado e, assim, investir na educação como um **sistema vivo** a serviço desse propósito. Roberto Crema, no VI Congresso Brasileiro de Psicopedagogia, em 2003, alertou-nos de que devemos sair da **normose**, a qual se sobrepõe como patologia à dimensão transcendente e aos valores fundamentais e eternos – em razão da qual o pensamento e a sensação são enaltecidas e o sentimento e a intuição são negados e reprimidos. Em entrevista à Associação Brasileira de Psicopedagogia (ABPp), Crema (2014) expõe que,

> Falando de uma forma global, há um paradigma já esgotado e que já não responde, criativa e efetivamente, as nossas questões mais fundamentais. Trata-se do racionalismo positivista, que enaltece o pensamento e a sensação, negando e reprimindo o sentimento e a intuição, jogando na lata de lixo da patologia a dimensão transcendente e os valores perenes.

• • • • •
1   A razão é a faculdade mental que leva ao estudo científico, ao passo que a emoção diz respeito aos sentimentos.

> O espírito degenerou-se em intelecto, como denunciou Jung. Esta é a fonte óbvia dos grandes flagelos que assolam a humanidade, a exemplo da escalada da violência, da falência ética, da exclusão bárbara e da destruição genocida dos ecossistemas planetários. O novo paradigma holístico, centrado na consciência de inteireza, é uma resposta da inteligência de uma espécie ameaçada na sua sobrevivência. Ele mantém o positivo do modelo anterior, abrindo-o para uma visão global que pode orientar a nossa ação local, integrando saber e ser, conhecimento e amor, ação e contemplação.

A escola, por meio das práticas pedagógicas, permitiu que se estabelecessem e se mantivessem os modelos de mundo e de sociedade nos diferentes momentos históricos. Essas práticas oferecidas aos alunos aconteciam como manifestação da ideia e do sentido que eram dados para o mundo.

Durante os séculos XVIII e XIX e grande parte do século XX, as crenças fundaram-se com base em convicções que se fizeram presentes nas práticas pedagógicas escolares, as quais visavam ao ensino humanístico e de cultura geral, e o ambiente físico acabava por espelhar o processo pelo qual se entendia a aprendizagem, uma vez que se apresentava rígido, conservador e cerimonioso. À escola, cabia cumprir o papel que tinha de preparar intelectual e moralmente os alunos.

A preocupação com o planeta Terra e a vida que ele abriga deram início ao nascimento de um novo paradigma, também denominado *sistêmico* e/ou *ambientalista*. Fritjof Capra (1996), no livro *A teia da vida*, levanta pontos importantes para se pensar o existir sob essa ótica. Na visão sistêmica, o todo é analisado pelas suas partes. Os sistemas vivos são totalidades integradas, cujas propriedades não são reduzidas às partes menores, e aquelas essenciais, ou sistêmicas, são as do todo, que nenhuma das partes possui. A ideia é de sistemas alinhados dentro de outros sistemas, aplicando-se os mesmos conceitos a diferentes níveis sistêmicos. É o pensamento contextual, no qual não há partes em absoluto – cada parte é apenas um padrão em uma teia inseparável de relações, as quais são fundamentais – e a percepção de mundo vivo compara-se a uma rede de relações.

Silva (2010, p. 67) enfatiza "que a psicopedagogia tem como objeto de estudo o ser em processo de construção do conhecimento". Nesse sentido, ela pode auxiliar na efetivação de uma nova forma de se ver o mundo, segundo a qual o ser humano não é o centro do Universo, e sim uma das partes do todo, favorecendo a ressignificação da aprendizagem dentro de uma sociedade engajada no compromisso de compreender o homem como um ser complexo. Trata-se de um cidadão do mundo, que não vive isolado em sua individualidade e é capaz de aprender a tolerar e a respeitar os demais, uma vez que entende que as pessoas são distintas e que, como ele, apresentam diferenças individuais, como seres únicos, originais e indivisíveis.

O saber e a aprendizagem devem conquistar o próprio espaço na produção do conhecimento. Há urgência de superar-se o **ter** que prevalece sobre o **ser**, tarefa para a qual a escola pouco contribuiu ao estabelecer em suas práticas as relações de competição e de exclusão. Almeida (2014), como representante da ABPp, indica o papel da psicopedagogia no contexto atual:

Na sua rotina profissional, o psicopedagogo deve assegurar a produção e divulgação do conhecimento científico e tecnológico relacionado com a aprendizagem, os compromissos éticos, educação de boa qualidade para todos e a articulação com os demais profissionais da educação e da saúde para a construção de uma sociedade justa, respeitando a equidade e a diversidade, onde todos tenham o direito de se desenvolver adequadamente.

Morin (2000, p. 47), nesse sentido, preconiza que "a educação do futuro deverá ser o ensino primeiro e universal, centrado na condição humana". O sentido do aprender deve estar direcionado à transitoriedade da vida, à comunhão e ao senso de viver juntos. É a aprendizagem humana buscando respostas sobre temas tão presentes e tão distantes, como a transcendência, a consciência, o amor, a paz, o estar aqui, a contemplação da vida ou, simplesmente, o sentido da vida.

No contexto histórico em que vivemos, a psicopedagogia tem grande papel como agente de pesquisas que busca compreender o processo de aprendizagem e indicar novos caminhos para as práticas pedagógicas que envolvem os sujeitos da aprendizagem e suas relações com o mundo.

É um novo papel da psicopedagogia difundir a aprendizagem voltada para um ser que estabelece relações, um ser que existe com base no inter-relacionamento com o outro e com o meio, com direito a fazer uso da autonomia para produzir e gerenciar a própria aprendizagem, socializando-a, ou seja, compartilhando seu conhecimento.

6.4
Escuta e olhar psicopedagógicos: ferramentas no processo de comunicação entre escola e comunidades

De acordo com Cardoso (1995, p. 53, grifo do original), "educar significa utilizar práticas pedagógicas que desenvolvam simultaneamente **razão, sensação e intuição** e que estimulem a **integração intercultural** e a **visão planetária das coisas**, em nome da paz e da unidade do mundo".

A escola vive um período de reestruturação. A crise está no cerne da questão entre não deixar de lado o que os métodos de ensino tradicionais tinham de bom como prática pedagógica e engajar-se em modelos inovadores de educação. A educação, em todos os níveis, vive essa crise, pois tudo é mais interessante e novo, uma vez que a sociedade tem oferecido veículos mais interessantes de ensino do que a aprendizagem sistemática. A sociedade do conhecimento permite ao indivíduo aprender o que quiser, onde quiser e no horário que quiser.

Os alunos que chegam à escola, em geral, trazem consigo o modelo de ensino-aprendizagem conservador, razão pela qual cabe indagar: "Como mudar a prática pedagógica do professor que também está cristalizada em modelos conservadores?"

Parece tarefa de grande complexidade, pois a proposta para este século, de acordo com o relatório para a Organização das Nações Unidas para a Educação, a Ciência e a Cultura (Unesco) da Comissão Internacional sobre Educação para o século XXI, concluído em 1996, apresenta quatro pilares para uma educação integral:

> Para poder dar resposta ao conjunto das missões, a educação deve organizar-se em torno de quatro aprendizagens fundamentais que, ao longo de toda a vida, serão de algum modo para cada indivíduo, os pilares do conhecimento: **aprender a conhecer**, isto é adquirir instrumentos da compreensão; **aprender a fazer**, para poder agir sobre o meio envolvente; **aprender a viver juntos**, a fim de participar e cooperar com os outros em todas as atividades humanas; e finalmente **aprender a ser**, via essencial que integra as três precedentes. (Delors, 2004, p. 89-90, grifo do original)

O aluno, embora viva na sociedade do conhecimento, ainda espera do professor e da instituição acadêmica a reprodução do conhecimento, o assunto pronto, a receita, o guia de instruções, mesmo que, no cotidiano, consciente ou inconscientemente, diante dos conteúdos curriculares, pergunte-se: "Para que eu vou aprender isso?"; "O que que eu vou fazer com isso?".

Nesse momento de transição, cabem à psicopedagogia as seguintes reflexões: "Saberá o professor propor outros caminhos?"; "'Como a psicopedagogia poderá auxiliar o processo educativo escolar neste momento?".

Acreditamos que as instituições escolares, assim como toda a sociedade, precisam rever o entendimento da aprendizagem como um todo. As entidades acadêmicas não podem funcionar como *shoppings center* que oferecem pacotes de conteúdos desconectados da realidade física e existencial do ser humano. O importante no processo de aprendizagem é privilegiar o potencial humano na relação do ensino com a aprendizagem e na formação para a vida de cada pessoa. Os valores éticos e, sobretudo, a promoção da consciência de que os seres humanos não são os únicos donos do planeta e apenas habitam nele por um certo momento de tempo devem ser o prenúncio de mudança da ótica dos reais valores da sociedade.

Cabe aqui o alerta de Crema (2014):

> Precisamos conspirar por uma nova pedagogia, que desenvolva um processo de alfabetização psíquica, facilitando o desenvolvimento da inteligência emocional, onírica, simbólica e relacional. E, também, de uma alfabetização noética ou consciencial, onde os valores fundamentais da espécie sejam cultivados e o aprendiz possa fazer render os seus talentos vocacionais.

O sujeito da aprendizagem utiliza-se das diversas manifestações simbólicas, e o olhar e a escuta psicopedagógicos funcionam como recursos de investigação na vida do sujeito e no funcionamento de grupos. Nesse sentido, por meio de intervenções psicopedagógicas, eles devem estar disponíveis para o desafio de mudar as práticas do ensino e da aprendizagem escolares, além de estar voltados para as novas possibilidades de atuação com base no estudo e na pesquisa sobre os processos mentais, sobre o desenvolvimento e sobre o processo de aprendizagem de adultos e idosos.

Bleger (1998) explica que a aprendizagem ocorre quando seus sujeitos são capazes de incorporar e manipular instrumentos de indagações e problematizações, o que vai muito além da transmissão de informações. Para o autor, um modo de conquistar esse objetivo é "transformando os estudantes de receptores passivos em coautores dos resultados, conseguindo que utilizem, que 'se encarreguem' de suas potencialidades como seres humanos. Em outros termos: deve-se energizar ou dinamizar as capacidades dos estudantes, assim como as do corpo docente" (Bleger, 1998, p. 66).

6.5
Epistemologia convergente e novos desafios para a educação no século XXI

Continuar a convergência proposta por Visca e integrar novas teorias ao estudo da compreensão da aprendizagem humana são ações que estão entre os novos desafios para a educação e para a psicopedagogia no século XXI.

Por esse caminho, acreditamos que autores que tratam de temas sobre psicologia e espiritualidade, por exemplo, a teoria da epistemologia convergente e o trabalho psicopedagógico possam convergir para um mesmo objetivo. Para isso, devem seguir os pontos norteadores da matriz do pensamento diagnóstico criado por Visca e integrar a dimensão espiritual no processo da avaliação, da análise de prognóstico e da intervenção corretora dos problemas de aprendizagem na psicopedagogia.

Os estudos direcionados para a dimensão transcendente do ser humano nos últimos oito anos (Ferreira, 2016-2017) nos levaram à convicção dessas possibilidades. Visca (1997c, p. 16, tradução nossa), autoriza esse pensamento quando afirma: "Acredito que a aprendizagem, para uma pessoa, abre o caminho da vida, do mundo, das possibilidades, e até de ser feliz". Cabe aqui a indagação: "O que é ser feliz?". Para nós, é a pessoa poder construir uma vida com sentido em comunhão com os outros e com ela mesma.

Uma das teorias que, a nosso ver, podem vir a coincidir com a teoria da epistemologia convergente é a psicologia transpessoal. Trata-se de uma abordagem da psicologia que engloba conceitos e estudos de várias escolas psicológicas. Seus principais percursores foram Viktor Frankl, Carl Jung, Abraham Maslow, Ken Wilber e Stanislav Grof.

A psicologia transpessoal foi considerada por Maslow como a quarta força da psicologia, em uma lista em que a primeira é a psicanálise; a segunda, o comportamentalismo; e a terceira, a psicologia humanista.

De acordo com Cardoso (1999 p. 32), Rogers e Maslow, ambos psicólogos, "puseram em evidência o fluxo da energia interpessoal e o impacto que isso causa na dinâmica da cura ou da aprendizagem".

A psicologia transpessoal tem como objeto de estudo a consciência[2] e, para tanto, utiliza-se de técnicas como o relaxamento, a meditação e a hipnose, além da pesquisa sobre a religiosidade e as tradições orientais. Ela tem construído alicerces também nas pesquisas da física quântica, que lhe confere características holísticas, uma vez que compreende o ser humano como um todo, integrado em um sistema vivo nas dimensões corpórea, anímica (alma) e espiritual.

> No que se refere à psicologia transpessoal, seu objeto é o estudo científico de experiências e comportamentos que transcendem os limites dos fenômenos comuns e são considerados, pelos que os vivenciam, de um valor mais alto. Exemplo: "transcendência dos limites normais do nosso ego, de nossas limitações físicas e mentais, pelas fantasias mentais e pela autorregulação da atenção" (Krippener). [...] São fatos transpessoais a experiência mística, a superação do *self*, teorias e práticas de meditação, cooperação transpessoal etc. Pretende a psicologia transpessoal expandir o campo

• • • • •
2 "Esse modelo transpessoal considera a consciência uma dimensão central que oferece a base e o contexto de toda a experiência. As psicologias ocidentais tradicionais têm tido posições diferentes no tocante à consciência. Elas vão do comportamentalismo, que prefere ignorar a consciência diante da dificuldade de pesquisá-la objetivamente, às abordagens humanista e psicodinâmica, que a reconhecem, mas em geral dão maior atenção aos conteúdos do que à consciência em si como contexto da experiência. O modelo transpessoal considera a consciência comum um estado contraído e defensivo. Esse estado comum, num grau notável e não reconhecido, encontra-se inundado pelo fluxo contínuo de pensamentos e fantasias deveras incontroláveis que estão de acordo com as nossas necessidades e defesas. Nas palavras de Ram Dass, 'Somos todos prisioneiros da mente. Percebê-lo é o primeiro passo na jornada da liberdade'" (Walsh; Vaughan, 1997, p. 60-61).

da pesquisa psicológica ao estudo da saúde e do bem-estar. (Cardoso, 1999. p. 34)

Conforme afirmam Walsh e Vaughan (1997), a partir dos anos 1970, os ensinamentos orientais da meditação e das técnicas de alteração da consciência passaram a permear as práticas terapêuticas ocidentais. Os problemas vinculados aos valores humanos e ao sentido[3] e o propósito de existir passaram a demonstrar que o crescimento psicológico ultrapassa as fronteiras da personalidade, integrando a dimensão espiritual à psicologia. O autoconhecimento oferecido pelas psicoterapias que buscavam apenas a resolução do conflito psicodinâmico deu lugar à psicoterapia voltada para o crescimento pessoal na direção da transcendência.

De acordo com os autores, a psicoterapia transpessoal "ultrapassa os objetivos do ego e estabelece uma ponte entre a prática psicológica e a prática espiritual" (Walsh; Vaughan, 1997, p. 181). Dessa forma, a terapia transpessoal busca facilitar o crescimento da pessoa não apenas pelo fortalecimento do ego e da dimensão existencial, uma vez que atinge áreas de realização plena e de transcendência. Nesse sentido, ela estende-se para além dos ajustes tradicionais do ego.

A terapia ocidental tinha como preocupação a psicodinâmica, a modificação do comportamento e o desenvolvimento pessoal. O ajustamento da personalidade era significado de vida saudável e, para ajudar nesses objetivos, surgiram as variadas psicologias do ego.

• • • • •
3 "A busca do indivíduo por um sentido é a motivação primária em sua vida, e não uma 'racionalização secundária' de impulsos e instintos. Esse sentido é exclusivo e específico, uma vez que precisa e pode ser cumprido somente por aquela determinada pessoa" (Frankl, 2017, p. 124).

De acordo com Walsh e Vaughan (1997, p. 185, 188), os objetivos da terapia transpessoal são o "alívio dos sintomas", a "mudança de comportamento" e a capacitação do "cliente a libertar a sua percepção da tirania do condicionamento", além da desidentificação (ação de perder a identidade) dos problemas psicodinâmicos e da ajuda para transcendê-los.

Esses mesmos autores indicam que entre as técnicas terapêuticas transpessoais estão métodos orientais e ocidentais de trabalho com a consciência, os quais auxiliam o cliente a empregar toda a experiência vital como parte da aprendizagem (carma-ioga), orientando-o sobre os potenciais dos estados de consciência e sobre as limitações dos perigos do apego a modelos fixos. Sua função é capacitá-lo a libertar-se da tirania do condicionamento.

Cardoso (1999) acredita que a civilização ocidental apresenta pouco interesse na busca do autoconhecimento capaz de levar a um estado de maior consciência. Para a autora, ser consciente na abordagem transpessoal é "aprender a fazer silenciar a corrente de pensamento e desejos para que se instaure a paz interior, vazio que será preenchido pelo Ser na sua plenitude" (Cardoso, 1999, p. 69). Ela ainda argumenta que a dimensão transpessoal de um sujeito, quando ativada, ilumina a dimensão inteligente, unindo intuição e análise, razão e emoção, ética e ciência, o ser e o saber.

No livro *Educação para a nova era: uma visão contemporânea para pais e professores*, Cardoso (1999) cita algumas escolas confessionais tradicionais que se preocupam com a questão da dimensão espiritual no ser humano com uma abordagem ainda tímida. Todavia, ela também menciona grupos ou escolas alternativas que incluem, operacionalizam e utilizam-se de recursos para desenvolver esses propósitos, isto é, promovem "uma educação que se preocupa com um homem mais feliz e, por isso mesmo, propenso a tornar os outros homens mais felizes" (Cardoso, 1999, p. 79). Essas escolas são: a pedagogia Waldorf; a educação Rosacruz; e o movimento Sai Baba.

Nesse mesmo sentido, as mandalas têm sido utilizadas nos trabalhos terapêuticos da abordagem analítica. De acordo com Raffaelli (2009), Carl Gustav Jung utilizava esse recurso como símbolo que expressaria o si-mesmo, o arquétipo da totalidade. Estudos futuros podem indicar seu uso para a avaliação, para os processos de intervenção psicopedagógica e para a análise prognóstica. As mandalas podem ser utilizadas como uma rica ferramenta para compreender o processo de aprendizagem de um sujeito, desde que o produto apresentado nelas seja interpretado como uma tela na qual o indivíduo projeta seu inconsciente.

Com base em nossas leituras compreendemos que, para Jung, as mandalas podem representar ideais ou personificações que se manifestam no processo terapêutico, representados por símbolos. Raffaelli (2009, p. 174), por sua vez, afirma: "segundo Jung (1961/1985), a mandala simboliza o caminho que leva à individuação, e se constitui na 'descoberta última a que poderia chegar'".

O momento atual, de mudanças paradigmáticas, pode ser um campo frutífero para a psicopedagogia no que se refere ao estudo e às pesquisas da psicologia transpessoal, direcionando-os para o próprio objeto de estudo da psicopedagogia, que é a aprendizagem, visto que o sujeito aprendiz, nesse caso, deve ser compreendido em sua totalidade e que a dimensão espiritual faz parte do ser humano.

Notícias recentes dão conta de que o físico e cosmólogo brasileiro Marcelo Gleiser foi vencedor do Prêmio Templeton[4] 2019, que prestigia, desde o ano de 1972, pessoas que estudam religião e espiritualidade (Físico..., 2019). Para Gleiser (2006), ciência, filosofia e espiritualidade fazem parte da existência humana, expressões essas que se dirigem ao mistério e ao desconhecido. Em reportagem veiculada em um canal de televisão (Globo News), quando entrevistado sobre o prêmio, Gleiser (2019) explicou que a origem do Universo, desde há muito tempo, é uma pergunta profunda que a humanidade faz. Os primeiros filósofos alinharam-se a pessoas que já faziam esse questionamento há milhares de anos. As religiões do mundo inteiro e diversas culturas também buscavam – e ainda buscam – a compreensão da dimensão espiritual como o mistério que nos circunda.

Estudo de caso

A Casa do Zezinho: um modelo de educação social

A teoria sem a prática de nada adianta, uma vez que, se assim não o fosse, o resultado seriam palavras soltas ao vento. Por essa razão, gostaríamos de prestar uma homenagem a um trabalho que se diz pedagógico, porém, aos olhos e ao coração

•••••
4 "O Prêmio Templeton é uma condecoração anual, atribuída pela Fundação John Templeton, criada em 1972, e entregue a pessoas que contribuíram de forma 'excepcional' para a afirmação da dimensão espiritual da vida por meio de ações e trabalhos práticos" (Agência Brasil, 2019).

da autora desta obra, apresenta um profundo embasamento psicopedagógico.

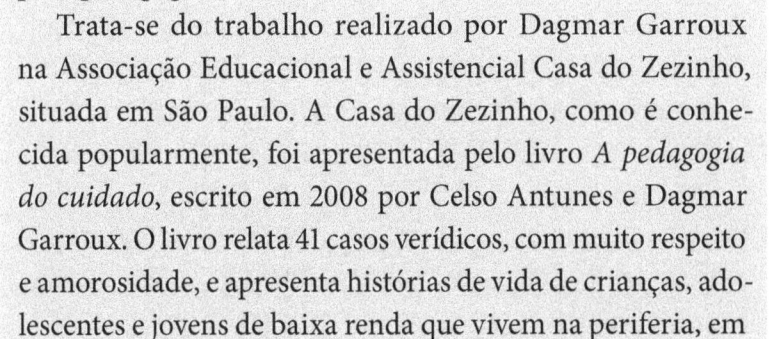

Trata-se do trabalho realizado por Dagmar Garroux na Associação Educacional e Assistencial Casa do Zezinho, situada em São Paulo. A Casa do Zezinho, como é conhecida popularmente, foi apresentada pelo livro *A pedagogia do cuidado*, escrito em 2008 por Celso Antunes e Dagmar Garroux. O livro relata 41 casos verídicos, com muito respeito e amorosidade, e apresenta histórias de vida de crianças, adolescentes e jovens de baixa renda que vivem na periferia, em uma zona conhecida como *Triângulo da Morte* em São Paulo.

A Casa do Zezinho, fundada em 1994, é um espaço que acolhe e abraça amorosamente as questões mal-entendidas, o desemparo, a carência, a doença e a fragilidade humana. É uma organização sem fins lucrativos que realiza, por meio de práticas inovadoras, projetos sociais voltados para a educação.

Zezinho é a identidade carinhosa de meninos e meninas de 6 a 18 anos que frequentam a casa (todos são chamados de *Zezinho*), pessoas com histórias de vida marcadas pela violência, pelo tráfico de drogas, pelo desamor, pelo sofrimento, pelo déficit de conhecimento, pela ingenuidade e pelos sonhos.

A comunidade onde a associação está localizada é formada por um conjunto de barracos que abrigam muitas famílias. Para os escritores do livro, a palavra *família* é tratada de forma diferente daquela pela qual muitos de nós a entendemos (Antunes; Garroux, 2008). Nessa comunidade, não existe o núcleo familiar que conhecemos, formado por pai, mãe e filhos. "O pai, muitas vezes, representa para a mulher lembrança apagada de evento sexual ou estupro, e, para as crianças, apenas figura ficção de que ouvem falar na escola ou então aquele que convive com a mãe no momento", afirmam Antunes e Garroux (2008 p. 24). Por sua vez, a mãe trabalha fora o dia todo, e as crianças ficam geralmente com a avó materna – isso quando ficam com alguém. Caso contrário, ficam soltas pelas vielas da comunidade. Lendo os relatos do livro, viajamos para um espaço geográfico com luz elétrica conseguida por meio de "gatos", onde poucos conseguem concluir o ensino fundamental.

A fundadora da Casa do Zezinho, Dagmar Garroux, a *tia Dag*, como é carinhosamente chamada por todos, inspira-se na "pedagodia", referência pedagógica que dá sustentação teórica ao trabalho desenvolvido na organização não governamental (ONG). "*Pedagodia* é a fusão da palavra *pedagogia* com os desafios do *dia a dia*" (Antunes; Garroux, 2008, p. 37). E é um desses desafios do dia a dia que nos traz a história "Uma prostituta em Brasília" (Antunes; Garroux, 2008, p. 96).

Das 41 histórias que lemos no livro, escolhemos a reproduzida a seguir para compartilhar com você.

Uma prostituta em Brasília

A garota, doze anos incompletos, foi chamada à sala de tia Dag para um "papo".

— Cristina, querida. Estou estranhando seu comportamento de uns tempos para cá. Antes, dedicada e atenta, agora parece mais dispersa e encantada com o tipo de vida que leva. Você está satisfeita em viver dessa maneira?

— Por quê? Você está querendo dizer que reprova o fato de eu ter virado prostituta? Por acaso as fofoqueiras de plantão já contaram? Se contaram, é bom saber que sei o que faço e estou feliz por fazer. Vendo o que é meu e ninguém tem nada com isso. Você, por acaso, não acharia legal ser prostituta aqui na favela?

— Eu sinceramente não. Não tenho realmente nada com a sua vida e sei que preciso respeitar sua individualidade, mas como amiga pensei que poderia ajudar em alguma coisa. Se recusar minha oferta, sei respeitar sua identidade. Mas, como você me apresentou uma pergunta, não fujo da resposta. Se quer mesmo saber, eu creio, se fosse prostituta, preferiria ser em Brasília...

— Brasília? Por que Brasília?

— Bem. Creio que uma prostituta elegante pode ganhar em um dia o que você ganha em um mês. Dessa maneira, seria capaz de fazer um "pé de meia" e, tempos depois, casar com um estrangeiro ricaço e viver bem melhor que a vida que nesta favela te espera. Além disso, meu bem, você conheceria lugares bonitos, pessoas charmosas, bons hotéis...

Cristina saiu da sala sem nada dizer. Dois dias depois, pediu para ser atendida:

— Eu pensei bastante no que você falou outro dia e achei legal. Você me ajuda ser uma prostituta em Brasília?

— Bem, querida, falei por falar. Não sei se ajudaria, mas creio que, se você pensa mesmo nessa ideia, a primeira coisa em que deveria pensar é largar agora essa vida que te estraga e estraga teu corpo para buscar novo ideal. Além disso, uma prostituta de alto nível precisaria aprender uma outra língua, deveria estudar muito para saber se colocar, discutir assuntos múltiplos, falar com precisão e clareza.

> Seria interessante conhecer música, aprender coisas sobre a arte. Seria essencial que soubesse se alimentar, tivesse vida saudável, praticasse esportes, aprendesse como se vestir e, para tudo isso, teria que arrumar um emprego decente e estudar com paixão. Como disse, não posso ajudá-la em tudo, mas se você quiser posso mostrar caminhos, sugerir mudanças. O que não sei é se você possui fibra e possui garra para essa longa travessia...
> — Tudo bem. Eu topo!
> E topou mesmo. De imediato Cristina mudou de vida, dedicou-se ao estudo e vibrou de alegria quando, meses depois, soube que ganhara emprego como recepcionista em um consultório. Com uma garra que somente os resilientes sabem descobrir, apaixonou-se por tudo quanto a entidade poderia oferecer-lhe. As palavras e os caminhos de uma mestra marcaram sua vida e seus caminhos.
> Dez anos se passaram. Cristina mora em São Paulo, alegre e realizada, no último ano da faculdade de odontologia. Ri cheia de felicidade quando se lembra do papo que tivera anos atrás.
>
> Fonte: Antunes; Garroux, 2008, p. 96-98.

ANTUNES, C; GARROUX, D. Pedagogia do cuidado: um modelo de educação social. Editora Vozes, p. 96.

Esse caso nos mostra como "a palavra certa colocada em momento significativo" (Antunes; Garroux, 2008, p. 98) pôde ressignificar os sonhos e os desejos de Cristina.

Inicialmente, a tia Dag acolheu Cristina sem críticas ou julgamentos; depois ela metabolizou os elementos depositados por Cristina e em seguida os devolveu para ela, que passou a ser agente da mudança. Certamente, tia Dag não desejava que Cristina fosse prostituta em Brasília, o que ela fez foi ajudar Cristina a ressignificar suas percepções, seus conceitos e suas ideias.

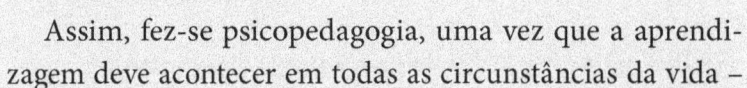

Assim, fez-se psicopedagogia, uma vez que a aprendizagem deve acontecer em todas as circunstâncias da vida – aprender e evoluir é o nosso destino.

Síntese

Neste capítulo, trouxemos novas contribuições que a psicopedagogia contemporânea oferece, mostrando que há possiblidades de a neurociência integrar-se à epistemologia convergente.

Abordamos, também, a psicopedagogia modular, um exemplo de trabalho que faz a relação/integração mencionada acontecer. A psicologia transpessoal, por sua vez, é – como vimos – uma abordagem que se preocupa com o ser humano integral, uma vez que aspectos como o sentido da vida, a meditação e o desenvolvimento para uma vida plena são preconizados por essa abordagem.

Indicações culturais

A CORRENTE do bem. Direção: Mimi Leder. Estados Unidos: Warner Bros. Pictures, 2000. 123 min.

O professor Simonet oferece o seguinte desafio a seus alunos: fazer algo que possa mudar o mundo. Um dos estudantes, Trevor McKinney, sente-se motivado e desenvolve um jogo ao qual dá o nome de *Pay it forward*, no qual, a cada favor recebido por uma pessoa, esta deve retribuí-lo a outras três. O jogo do menino dá certo e coloca em movimento a bondade humana.

HAPPY. Direção: Roko Belic. Estados Unidos, 2011. Documentário. 75 min.

Essa produção de 2011 foi idealizada por Tom Shadyac, após ele ter lido um artigo sobre o que seria felicidade para diferentes pessoas em vários países do mundo. O filme leva o espectador a refletir e a compreender o que é genuinamente a felicidade. Relatos de pessoas reais e de etnias distintas mostram como é ser feliz no dia a dia e nos fazem pensar sobre quais são as verdadeiras causas e os reais caminhos que nos levariam até a felicidade. O documentário levou seis anos para ser produzido, e as imagens e as entrevistas captadas em diferentes países (Dinamarca, Namíbia, Escócia, China, Quênia, Japão, Butão, Índia, Estados Unidos e Brasil) são impactantes – algumas delas são engraçadas, e todas têm uma beleza singela.

MATRIX. Direção: Lana Wachowski, Lilly Wachowski. Estados Unidos: Warner Bros. Pictures, 1999. 136 min.

O filme retrata o futuro da sociedade, no qual a inteligência artificial comanda a mente dos seres humanos – todos são vítimas da chamada *Matrix*. Em razão desse controle, as pessoas são escravizadas sem ter consciência disso. Os homens e as mulheres são seres robotizados que vivem na ilusão, ao mesmo tempo que a Matrix utiliza-se de seus corpos e seus cérebros para produzir energia. Na verdade, todos vivem em uma prisão até o dia em que Neo, um jovem programador *hacker*, é sequestrado por

Morpheus, que acredita ser aquele um messias que poderá salvar a humanidade ao trazer todos para a realidade.

Atividades de autoavaliação

1. Analise as seguintes afirmações e marque V para as verdadeiras e F para as falsas.
   ( ) A avaliação e a intervenção psicopedagógica são propostas como um processo interativo na psicopedagogia modular.
   ( ) A psicopedagogia modular integra três teorias: a teoria triárquica, a teoria das inteligências múltiplas e a teoria da epistemologia convergente.
   ( ) A teoria modular valoriza aspectos quantitativos porque entende que a estrutura cognitiva é imutável e estática.
   ( ) A teoria triárquica reconhece três aspectos da inteligência: a inteligência analítica, a inteligência relacional e a inteligência motora.
   ( ) Na teoria das inteligências múltiplas, a ideia é que cada capacidade é uma inteligência e tem independência.

   Assinale a alternativa que apresenta a sequência correta:

   a) V, V, F, V, V.
   b) V, F, F, V, V.
   c) F, F, F, V, V.
   d) F, V, F, V, V.
   e) V, F, V, F, V.

2. Pierre Lévy defende a ideia de que inteligência coletiva e cibercultura promovem a construção:
   a) do conhecimento de forma dissociada.
   b) do inconsciente de forma compartilhada.
   c) do conhecimento de forma colaborativa.
   d) do virtual de forma colaborativa.
   e) do repartir de forma presencial.

3. Analise as seguintes afirmações.
   I) *Normose* significa o processo pelo qual o pensamento e a sensação são valorizados e o sentimento e a intuição são negados.
   II) A escola, por meio de suas práticas pedagógicas, reforçou modelos de mundo e de sociedade.
   III) A preocupação com o planeta é efêmera, uma vez que as fontes naturais são inesgotáveis.
   IV) O paradigma sistêmico (ou ambiental) acredita que os sistemas vivos são totalidades integradas.
   V) É papel da psicopedagogia difundir a aprendizagem voltada para o cuidado com o planeta Terra.

   Assinale a alternativa que apresenta as afirmações corretas:
   a) I, II e V.
   b) I, II, IV e V.
   c) II, IV e V.
   d) III, IV e V.
   e) II e V.

4. A psicologia transpessoal contempla conceitos e estudos de várias escolas psicológicas, tendo sido considerada a quarta entre as forças da psicologia (a primeira

é a psicanálise; a segunda, o comportamentalismo; e a terceira, a psicologia humanista). Os precursores da psicologia transpessoal foram:
a) Viktor Frankl, Karl Marx, Max Weber e Stanislav Grof.
b) György Lukács, Carl Jung, Max Weber e Stanislav Grof.
c) Viktor Frankl, Carl Jung, Ken Wilber e Ivan Pavlov.
d) Albert Bandura, Sigmund Freud, Ken Wilber e Stanislav Grof.
e) Viktor Frankl, Carl Jung, Ken Wilber e Stanislav Grof.

5. Relacione os conceitos às suas respectivas definições.
I) A pedagogia Waldorf
II) A Casa do Zezinho
III) Mandalas

( ) Recurso utilizado nos trabalhos terapêuticos da abordagem analítica.
( ) Procura integrar de maneira holística o desenvolvimento físico, espiritual, intelectual e artístico dos alunos.
( ) Associação educacional e assistencial.

Assinale a alternativa com a sequência correta:

a) I, II, III.
b) I, III, II.
c) II, III, I.
d) III, I, II.
e) III, II, I.

Atividades de aprendizagem

Questões para reflexão

1. É possível pensar em psicologia transpessoal e psicopedagogia? Justifique sua resposta.

2. Como a tecnologia pode ajudar no processo da aprendizagem, segundo Pierre Lévy?

3. "Educar significa utilizar práticas pedagógicas que desenvolvem simultaneamente razão, sensação e intuição". Você concorda com essa afirmativa? Justifique sua resposta.

Atividade aplicada: prática

1. Procure no YouTube vídeos baseados nos ensinamentos de Daniel Goleman e realize a experiência de meditar.

Considerações finais

Ao longo deste livro, a psicopedagogia e a teoria da epistemologia convergente foram tratadas e trabalhadas para explicar o processo da aprendizagem e de conhecimento com base em uma visão dinâmica e integrada.

Fiéis às obras do professor Jorge Visca, criador da teoria da epistemologia convergente, procuramos apresentar suportes teóricos que justificassem as razões do autor de integrar os fundamentos de três teorias por ele estudadas – (1) a psicogenética, (2) a psicanálise e (3) a psicologia social – em um modelo teórico único, que explica o processo de aprendizagem saudável ou patológico ao mesmo tempo que propõe diagnóstico e correção dos fatores que podem surgir e que geram obstáculos para o aprendizado eficiente e prazeroso.

Para isso, abordamos a psicologia da conduta, enraizada na psicanálise, como uma forte aliada da teoria da epistemologia convergente, mostrando como podemos ser nossos próprios algozes quando não integramos os campos geográfico, psicológico e da consciência, ou seja, os campos de nossa conduta na realização de qualquer tarefa. Agindo de maneira inconsciente, acabamos por boicotar nosso potencial de aprendizagem por causa de ansiedades amedrontadoras, denominadas por Bleger (1984) de *medo da confusão*, *medo do ataque* e *medo da perda*.

Outro ponto importante que mostramos é que escrever sobre o processo de aprender sem oportunizar reflexões sobre as concepções filosóficas e psicológicas da aprendizagem nas abordagens inatista, empirista e construtivista – fundamentos construídos até hoje pela humanidade – não seria coerente com a proposta de uma obra que tem como cunho o fazer psicopedagógico, uma vez que o objeto de estudo da psicopedagogia é a aprendizagem.

Com lealdade aos ensinamentos do mestre Visca, procuramos evidenciar o fazer psicopedagógico em âmbito clínico e/ou institucional a fim de que ficasse clara a especificidade de cada um deles. A psicopedagogia ensina que tanto indivíduos quanto grupos, instituições, comunidades e sociedade como um todo aprendem. O trabalho clínico é fundamental quando o sujeito necessita de uma escuta particular e privada, mas vale lembrar que essa tarefa pode apresentar limitações, se não for compreendido que um sujeito, em vez de uma ilha, é um ser que deve ser analisado com base nas circunstâncias a sua volta. O meio em que o indivíduo vive e com o qual interage acompanha-o em todos os momentos da vida. Visca (1997c, p. 32, tradução nossa) relata que "me conscientizei da diferença entre o trabalho individual e em grupo", o que o motivou a estudar na Escola de Psicologia Social dirigida por Pichon-Rivière e, assim, compreender o grupo como unidade de funcionamento.

Por essa razão, dedicamos um capítulo para tratar de questões da aprendizagem escolar. Em qualquer uma das modalidades em que a psicopedagogia se fizer presente, não se pode perder de vista que é o olhar psicopedagógico diante dos acertos e, especialmente, dos erros que faz a diferença, pois oportuniza a ressignificação do erro e mostra novas direções. A psicopedagogia, no enfoque das prevenções primária e/ou secundária, visa antecipar a ocorrência e a instalação de conflitos e problemas relacionados aos processos de ensino e de aprendizagem. Ela diminui as fronteiras entre a facilidade e a dificuldade de aprender quando o caráter interdisciplinar e transdisciplinar que carrega mostra modelos e ações propostos por mais de um autor, especialmente nos casos de inclusão. A psicopedagogia pode avançar em pesquisas e ocupar espaços em que talvez ainda atue com timidez ou não se faça presente – a aprendizagem do idoso, por exemplo, necessita de um olhar dedicado, científico e respeitoso.

Como ideia viva e dinâmica, a psicopedagogia está aberta a novos postulados que possam vir a contribuir com processos de construção do conhecimento saudáveis, transformadores e – por que não? – capazes de transmutar paradigmas cristalizados no individualismo, na falta de cooperação, na falta de afetividade e na incompreensão do verdadeiro sentido de estarmos habitando o mesmo planeta neste espaço-tempo. Nesse sentido, a visão sistêmica e as dimensões espiritual, filosófica e científica da psicologia transpessoal, bem como as recentes pesquisas das neurociências, podem e devem contemplar o universo da psicopedagogia do século XXI.

Referências

ABPP – Associação Brasileira de Psicopedagogia. **Código de ética do psicopedagogo**. São Paulo: ABPp, 2019. Disponível em: <https://www.abpp.com.br/documentos_referencias_codigo_etica.html>. Acesso em: 5 maio 2020.

AGÊNCIA BRASIL. Físico brasileiro recebe prêmio Templeton de 2019. **EBC**, 20 mar. 2019. Disponível em: <http://agenciabrasil.ebc.com.br/geral/noticia/2019-03/fisico-brasileiro-recebe-premio-templeton-de-2019>. Acesso em: 6 fev. 2020.

ALMEIDA, L. B. de. Psicopedagogia: a regulamentação necessária. **Perfilnews**, 2014. Disponível em: <https://www.perfilnews.com.br/artigos/artigo-psicopedagogia-a-regulamentacao-necessaria>. Acesso em: 6 fev. 2020.

ALMEIDA, M. de. Beleza e sublimidade: o papel da arte no pensamento de Arthur Schopenhauer. In: SEMINÁRIO DE PÓS-GRADUAÇÃO EM FILOSOFIA DA UFSCAR, 5., 2009. **Anais**… Disponível em: <http://www.ufscar.br/~semppgfil/wp-content/uploads/2012/05/Martha-de-Almeida-Beleza-e-sublimidade-o-papel-da-arte-no-pensamento-de-Arthur-Schopenhauer.pdf>. Acesso em: 7 fev. 2020.

ANTUNES, C.; GARROUX, D. **Pedagogia do cuidado**: um modelo de educação social. Petrópolis: Vozes, 2008.

AXLINE, V. M. **Dibs**: em busca de si mesmo. Rio de Janeiro: Agir, 1991. (Círculo do livro, São Paulo).

BECKER, F. **A epistemologia do professor**: o cotidiano da escola. Petrópolis: Vozes, 2001.

BEE, H. **A criança em desenvolvimento**. Tradução de Antônio Carlos Amador Pereira e Rosane de Souza Amador Pereira. 3. ed. São Paulo: Harba, 1984.

BEHRENS, M. A. **Formação continuada dos professores e a prática pedagógica**. Curitiba: Champagnat, 1996.

BEHRENS, M. A. **O paradigma emergente e a prática pedagógica**. 2. ed. Curitiba: Champagnat, 2000.

BLEGER, J. **Psicologia da conduta**. Tradução de Emília de Oliveira Diehl. 2. ed. Porto Alegre: Artes Médicas, 1984.

BLEGER, J. **Temas de psicologia**: entrevista e grupos. Tradução de Rita Maria M. de Moraes. 2. ed. São Paulo: M. Fontes, 1998. (Psicologia e Pedagogia).

BLEGER, J.; LIBERMAN, D.; ROLLA, E. Técnica dos grupos operativos. In: PICHON-RIVIÈRE, E. **O processo grupal**. Tradução de Marco Aurélio Fernandes Velloso e Maria Stela Gonçalves. São Paulo: M. Fontes, 2005.

BOCK, A. M. B.; FURTADO, O.; TEIXEIRA, M. de L. T. **Psicologias**: uma introdução ao estudo de psicologia. 14. ed. São Paulo: Saraiva, 2008.

BRUNA, M. H. V. **Síndrome de Down**. Disponível em: <https://drauziovarella.uol.com.br/doencas-e-sintomas/sindrome-de-down/>. Acesso em: 2 mar. 2020.

CAPRA, F. **A teia da vida**: uma nova compreensão científica dos sistemas vivos. São Paulo: Cultrix, 1996.

CARDOSO, C. **A canção da inteireza**: uma visão holística da educação. São Paulo: Summus, 1995.

CARDOSO, M. L. P. **Educação para a nova era**: uma visão contemporânea para pais e professores. São Paulo: Summus, 1999.

CARRETERO M.; CASCÓN, A. J. L. O desenvolvimento cognitivo e aprendizagem na adolescência. In: COLL, C. et al. **Desenvolvimento psicológico e educação**: psicologia evolutiva. Porto Alegre: Artes Médicas, 1995. v. 1.

CLAXTON, G. **O desafio de aprender ao longo da vida**. Porto Alegre: Artmed, 2005.

COLL, C. et al. **Desenvolvimento psicológico e educação**: psicologia evolutiva. Porto Alegre: Artes Médicas, 1995. v. 1.

COUTINHO, M. T. da C.; MOREIRA, M. **Psicologia da educação**: um estudo dos processos psicológicos de desenvolvimento e aprendizagem humanos, voltados para educação – ênfase na abordagem construtivista. 6. ed. Belo Horizonte: Lê, 1998.

CREMA, R. Entrevista com Roberto Crema. **Associação Brasileira de Psicopedagogia**, 15 jun. 2014. Entrevista. Disponível em: <http://www.abpp.com.br/publicacoes_entrevista_roberto_crema.html>. Acesso em: 6 fev. 2020.

DAVIS, C.; OLIVEIRA, Z. de M. R. **Psicologia na educação**. 2. ed. São Paulo: Cortez, 1994. (Coleção Magistério 2º Grau; Série Formação do Professor).

DELORS, J. **Educação**: um tesouro a descobrir – relatório para a Unesco da Comissão Internacional sobre Educação para o Século XXI. 9. ed. São Paulo: Cortez; Brasília: MEC; Unesco, 2004.

DELVAL, J. **Aprender na vida e aprender na escola**. Tradução de Jussara Rodrigues. Porto Alegre: Artmed, 2001.

DOLLE, J.-M. **Para compreender Piaget**: uma iniciação à psicologia genética piagetiana. Tradução de Maria José J. G. de Almeida. Rio de Janeiro: Zahar, 1975.

FAGALI, E. Q.; VALE, Z. D. R. do. **Psicopedagogia institucional aplicada**: a aprendizagem escolar dinâmica e construção na sala de aula. Petrópolis: Vozes, 1993.

FERREIRA, A. B. H. **Dicionário Aurélio básico da língua portuguesa**. Rio de Janeiro: Nova Fronteira, 1988.

FERREIRA, L. F. **Cone invertido**. Curitiba, 1998. Notas de aulas.

FERREIRA, L. F. **Curso de psicologia transpessoal**. Curitiba, 2016-2017. Notas de aulas.

FERREIRA, L. F. **Estratégias de aprendizagem do aluno de 5ª série na resolução de situação-problema**. Dissertação (Mestrado em Educação) – Pontifícia Universidade Católica do Paraná, Curitiba, 2007.

FERREIRA, L. F. **Formação em teoria e técnica de grupos operativos**. Curitiba, 2007-2008. Notas de aulas.

FÍSICO e astrônomo brasileiro Marcelo Gleiser recebe Prêmio Templeton 2019 em cerimônia nos EUA. **G1**, Ciência e Saúde, 30 maio 2019. Disponível em: <https://g1.globo.com/ciencia-e-saude/noticia/2019/05/30/fisico-e-astronomo-brasileiro-marcelo-gleiser-recebe-premio-templeton-2019-em-cerimonia-nos-eua.ghtml>. Acesso em: 6 fev. 2020.

FONSECA, A. A. da. Pesquisador analisa o uso da internet em sala de aula no comportamento dos jovens. **Fundação Telefônica**, 29 mar. 2019. Entrevista. Disponível em: <http://fundacaotelefonica.org.br/noticias/pesquisador-analisa-o-uso-da-internet-em-sala-de-aula-no-comportamento-dos-jovens/>. Acesso em: 6 fev. 2020.

FRANKL, V. E. **Em busca de sentido**: um psicólogo no campo de concentração. 41. ed. São Leopoldo: Sinodal; Petrópolis: Vozes, 2017.

FREUD, S. **O futuro de uma ilusão, O mal-estar na civilização e outros trabalhos (1927-1931)**. Tradução de Christiano Monteiro Oiticica e Vera Ribeiro. Rio de Janeiro: Imago, 1996. (Obras Psicológicas Completas de Sigmund Freud: edição standard brasileira, v. 21).

G12. **Formação em clínica pedagógica**: módulo I – teoria e técnica psicopedagógica. Curitiba, 1999. Notas de aulas.

GARCIA, R. **O conhecimento em construção**: das formulações de Jean Piaget à teoria de sistemas complexos. Porto Alegre: Artmed, 2002.

GLEISER, M. **A dança do Universo**: dos mitos de criação ao Big Bang. São Paulo: Companhia das Letras, 2006.

GLEISER, M. Físico brasileiro Marcelo Gleiser leva Prêmio Templeton. **Globo News**, 19 mar. 2010. Entrevista. Disponível em: <http://g1.globo.com/globo-news/jornal-globo-news/videos/v/fisico-

brasileiro-marcelo-gleiser-recebe-premio-templeton/7468850/>. Acesso em: 6 fev. 2020.

GOLBERT, C. S. **A evolução psicolinguística e suas implicações na alfabetização**: teoria, avaliações, reflexões. Porto Alegre: Artes Médicas, 1988.

KESTERING, J. C. Schopenhauer: a arte como conhecimento de exceção. **Revista Lampejo**, n. 7, p. 1-27, jan./jun. 2015. Disponível em: <http://revistalampejo.org/edicoes/edicao-7/01c%20 Artigo%20-%20Arte%20-%20Schopenhauer.pdf>. Acesso em: 5 fev. 2020.

LÉVY, P. **Cibercultura**. Tradução de Carlos Irineu da Costa. São Paulo: Editora 34, 1999.

LÉVY, P. Internet e escola de mãos dadas: entrevista com Pierre Lévy. **Gestão Educacional**, fev. 2013. Entrevista. Disponível em: <https://www.gestaoeducacional.com.br/internet-e-escola-de-maos-dadas/>. Acesso em: 6 fev. 2020.

MEIRIEU, P. **Aprender... sim, mas como?** Tradução de Vanise Pereira Dresch. 7. ed. Porto Alegre: Artes Médicas, 1998.

MONEREO, C.; SOLÉ, I. **O assessoramento psicopedagógico**: uma perspectiva profissional e construtivista. Porto Alegre: Artes Médicas Sul, 2000.

MORIN, E. **Os sete saberes necessários à educação do futuro**. São Paulo: Cortez, 2000.

NOSOGRAFIA. In: **Dicio**: dicionário online de português. Disponível em: <https://www.dicio.com.br/nosografia/>. Acesso em: 31 jan. 2020.

OLIVEIRA, S. A. de; NONATO JÚNIOR, R. O que é assessoria? Evolução conceitual do trabalho dos assessores. In: CONGRESSO DE CIÊNCIAS SOCIAIS APLICADAS, 3., 2010, Varginha, **Anais**... Varginha: Unicentro, 2010. Disponível em: <https://anais.unicentro.br/concisa/iiiconcisa/pdf/resumo_107.pdf>. Acesso em: 4 fev. 2020.

PIAGET, J. **Biologia e conhecimento**: ensaio sobre as relações entre as regulações orgânicas e os processos cognoscitivos. Tradução de Francisco M. Guimarães. 4. ed. Petrópolis: Vozes, 1996.

PIAGET, J. **Psicologia da criança**. Tradução de Octavio Mendes Cajado. 7. ed. São Paulo: Difel, 1982.

PIAGET, J. **Psicologia da inteligência**. Tradução de Nathanael C. Caixeiro. 2. ed. Rio de Janeiro: Zahar, 1983.

PIAGET, J. **Seis estudos de psicologia**. Tradução de Maria Alice Magalhães D'Amorim e Paulo Sérgio Lima Silva. Rio de Janeiro: Forense-Universitária, 1984.

PICHON-RIVIÈRE, E. **O processo grupal**. Tradução de Marco Aurélio Fernandes Velloso e Maria Stela Gonçalves. São Paulo: M. Fontes, 2005.

PICHON-RIVIÈRE, E. **Teoria do vínculo**. Tradução de Eliane Toscano Zamikhouwsky. 6. ed. São Paulo: M. Fontes, 1998. (Psicologia e Pedagogia).

POZO, J. I. **Aquisição de conhecimento**: quando a carne se faz verbo. Tradução de Antônio Feltrin. Porto Alegre: Artmed, 2005.

RAFFAELLI, R. Jung, mandala e arquitetura islâmica. **Psicologia USP**, São Paulo, v. 20, n. 1, p. 47-66, jan./mar. 2009. Disponível em: <http://www.scielo.br/pdf/pusp/v20n1/v20n1a04.pdf>. Acesso em: 2. mar. 2020.

RIECHI, T. I. J. de S. **Uma proposta de leitura neuropsicológica dos problemas de aprendizagem**. Dissertação (Mestrado em Educação) – Universidade Federal do Paraná, Curitiba, 1996.

SCOZ, B. **Psicopedagogia e realidade escolar**: o problema escolar e de aprendizagem. Petrópolis: Vozes, 1996.

SIGNIFICADO de convergente: o que é convergente. In: **Significados**. Disponível em: <https://www.significados.com.br/convergente/>. Acesso em: 28 jan. 2020.

SIGNIFICADO de mandala: o que é mandala. In: **Significados**. Disponível em: <https://www.significados.com.br/mandala/>. Acesso em: 7 fev. 2020.

SILVA, A. et al. Trombocitopenia e ausência de rádio (síndrome TAR): caso clínico. **Acta Pediátrica Portuguesa**, n. 1, v. 32, p. 47-50, 21 set. 2001. Disponível em: <https://bibliotecadigital.ipb.pt/bitstream/10198/529/3/tar.pdf>. Acesso em: 2 mar. 2020.

SILVA, M. C. A. e. **Psicopedagogia**: a busca de uma fundamentação teórica. 2. ed. Rio de Janeiro: Paz e Terra, 2010.

STERNBERG, R. J. **Psicologia cognitiva**. Tradução de Maria Regina Borges Osório. Porto Alegre: Artes Médicas Sul, 2000.

TOLEDO, M. B. de A.; TOLEDO, M. de. A. **Teoria e prática de matemática**: como dois e dois. São Paulo: FTD, 2010. Volume único: livro do professor. (Coleção Teoria e Prática).

VEIGA, E. C. da. A psicopedagogia modular: uma nova perspectiva no campo da avaliação. **Psicologia Argumento**, Curitiba, v. 28, n. 60, p. 11-15, jan./mar. 2010. Disponível em: <https://biblat.unam.mx/hevila//Psicologiaargumento/2010/vol28/no60/1.pdf>. Acesso em: 5 fev. 2020.

VEIGA, E. C. da. Psicopedagogia modular e a avaliação das altas habilidades/superdotação. In: CONGRESSO NACIONAL DE EDUCAÇÃO – EDUCERE, 10.; SEMINÁRIO INTERNACIONAL DE REPRESENTAÇÕES SOCIAIS, SUBJETIVIDADE E EDUCAÇÃO – SIRSSE, 1., 2011, Curitiba. **Anais**... Disponível em: <https://educere.bruc.com.br/CD2011/pdf/5533_2521.pdf>. Acesso em: 6 fev. 2020.

VEIGA, E. C. da; CARVALHO, J. J.; OLIVEIRA, M. A. C. Altas habilidades/superdotação: um enfoque psicopedagógico In: ABPP – Associação Brasileira de Psicopedagogia. Seção Paraná Sul. **Aprendizagem na diversidade**: a psicopedagogia agregando formadores. São José dos Campos: Pulso, 2008. p. 41-50.

VEIGA, E. C. da; GARCIA, E. G. **Psicopedagogia e a teoria modular da mente:** uma nova perspectiva para a aprendizagem. São José dos Campos: Pulso, 2006.

VINOCUR, S. Contribuições para o diagnóstico psicopedagógico na escola. In: OLIVEIRA, V. B. de; BOSSA, N. A. (Org.). **Avaliação psicopedagógica do adolescente.** 14. ed. Petrópolis: Vozes, 2013. p. 91-103.

VISCA, J. P. L. **Clínica psicopedagogica:** epistemologia convergente. 2. ed. Buenos Aires: Titakis, 1994.

VISCA, J. P. L. **El diagnostico operatorio de adolescentes y adultos.** Edição do autor. Buenos Aires: [s.n.], 2002.

VISCA, J. P. L. **El diagnóstico operatorio en la práctica psicopedagógica.** Edição do autor. Buenos Aires: [s.n.], 1997a.

VISCA, J. P. L. **La psicopedagogía:** el error, los grupos operativos, los ámbitos, el aprendizaje, el desarrollo del pensamiento abstracto. Buenos Aires: E. Titakis, 1997b.

VISCA, J. P. L. **Psicopedagogia:** nuevas contribuciones. Buenos Aires: Titakis, 1998.

VISCA, J. P. L. **Psicopedagogia:** teoria clinica investigacion. Buenos Aires: AG, 1996.

VISCA, J. P. L. **Tecnicas proyectivas psicopedagogicas.** 3. ed. Buenos Aires: Titakis, 1997c.

VISCA, J. P. L.; VISCA, F. **El esquema evolutivo del aprendizaje.** Buenos Aires: Titakis, 1999.

WALSH, N.; VAUGHAN, F. (Org.). **Além do ego:** dimensões transpessoais em psicologia. São Paulo: Cultrix; Pensamento, 1997.

WEISS, M. L. L. **Psicopedagogia clínica:** uma visão diagnóstica dos problemas de aprendizagem escolar. 3. ed. Rio de Janeiro: DP&A, 1997.

YUS, R. **Educação integral:** uma educação holística para o século XX. Porto Alegre: Artmed, 2002.

ZAZZO, R. **Onde está a psicologia da criança?** Campinas: Papirus, 1989.

ZELAN, K. **Os riscos do saber**: obstáculos do desenvolvimento à aprendizagem escolar. Porto Alegre: Artes Médicas Sul, 1993.

Bibliografia comentada

ANTUNES, C.; GARROUX, D. **Pedagogia do cuidado**: um modelo de educação social. Petrópolis: Vozes, 2008.
Esse livro mostra a realidade difícil de uma comunidade de um bairro pobre de São Paulo, onde a organização não governamental (ONG) Casa do Zezinho está localizada. A obra faz um admirável trabalho de resgate com base em um olhar especialmente amoroso e desejoso de mudança, apresentando relatos reais do dia a dia de crianças, adolescentes e jovens que vivenciam a prostituição, a violência, as drogas e a morte, mas, por outro lado, têm a possibilidade de receber educação e de ter esperança no amanhã que a ONG pode oferecer a eles.

AXLINE, V. M. **Dibs**: em busca de si mesmo. São Paulo; Rio de Janeiro: Agir, 1991. (Círculo do livro, São Paulo).
A obra relata um trabalho terapêutico da psicanalista Virginia Axline e seu paciente Dibs, uma criança que vivia escondida em seu próprio mundo e, por isso, era rejeitada pelos colegas da escola e pelos próprios pais. Por meio de sessões de ludoterapia, Axline conheceu as angústias e as potencialidades do garoto. O texto ajuda a nos aproximarmos de algumas lições da psicanálise e do processo de escuta.

BARNETT, K. **Brilhante**: a inspiradora história de uma mãe e seu filho gênio e autista. Rio de Janeiro: Zahar, 2013.
Esse livro conta a história de Jake Barnett, diagnosticado como autista. Trata-se de um relato de Kristine Barnett, sua mãe, que narra

como foram os dias desde o diagnóstico da criança até a chegada dela à adolescência, além das conquistas de seu filho.

BLEGER, J. **Psicologia da conduta**. Tradução de Emília de Oliveira Diehl. 2. ed. Porto Alegre: Artes Médicas, 1984.

José Bleger desenvolve, de maneira objetiva e acessível, suas ideias sobre a conduta humana. Por meio da leitura desse livro, você poderá aprofundar seus conhecimentos sobre o tema e compreender melhor o que foi exposto sobre aprendizagem e conduta.

BLEGER, J. **Temas de psicologia**: entrevista e grupos. Tradução de Rita Maria M. de Moraes. 2. ed. São Paulo: M. Fontes, 1998. (Psicologia e Pedagogia).

O livro aborda temas relevantes sobre a teoria e a técnica do trabalho terapêutico. Inicialmente, fundamenta a entrevista psicológica como uma ferramenta do método clínico para o diagnóstico e para a investigação. Em seguida, apresenta muitas considerações sobre o trabalho com grupos operativos no ensino e em instituições.

BRADBURY, R. **Fahrenheit 451**. Rio de Janeiro: Globo, 2003.

Considerado um marco da ficção científica, esse livro foi um prenunciador dos dias atuais, tendo feito, em 1953, uma espécie de previsão das transformações sociais atuais pela influência da televisão. Trata-se de obra política, uma distopia, pois critica os regimes políticos opressores do século XX. Traz à tona o quanto podemos ser manipulados e levados a agir sem reflexão e sem autonomia quando somos impedidos de construir conhecimentos e, assim, tornamo-nos apenas rostos na multidão.

CARRAHER, T. N. **O método clínico usando os exames de Piaget**. São Paulo: Cortez, 1989.

Essa obra oferece-nos a oportunidade de aprender a complexa técnica do método clínico utilizada por Jean Piaget em suas pesquisas. Também oportuniza a compreensão do pensamento piagetiano na medida em que trabalha a teoria e a prática da aplicação do diagnóstico operatório.

CARVALHO, R. E. **O cérebro vai para a escola e o coração vai junto**. Rio de Janeiro: Wak, 2014.
Trata-se de um registro de ideias, sentimentos e experiências da autora vividos nos mais de 50 anos de dedicação à educação. Ela apresenta um referencial teórico consistente e muito bem fundamentado sobre as neurociências cognitivas e a pedagogia da afetividade. Atenção, memória, linguagem, funções executivas e afetividade são alguns dos temas tratados no livro com a intenção de que ele se tornasse material de reflexão e de mudanças no processo de ensino.

CLAXTON, G. **O desafio de aprender ao longo da vida**. Porto Alegre: Artmed, 2005.
Esse livro dedica-se a mostrar formulações sobre o futuro da aprendizagem, partindo do princípio de que todos têm capacidade para aprender e de que viver é um constante aprendizado. Claxton aborda algumas crenças sobre a aprendizagem que foram construídas por nossa civilização ao longo da história e trata dos sentimentos que envolvem o aprender e o porquê de muitas vezes usarmos alguns deles como defesa e autoproteção. O autor também expõe a importância da resiliência, do aprender a aprender, da intuição e da imaginação, entre outros temas. É um livro imprescindível para quem tem como objeto de estudo a aprendizagem.

DOLLE, J. M. **Para compreender Piaget**: uma iniciação à psicologia genética piagetiana. Tradução de Maria José J. G. de Almeida. Rio de Janeiro: Zahar, 1975
O livro exprime de forma clara a teoria da epistemologia genética. Inicia-se pela história do método utilizado por Piaget em suas pesquisas e segue com a explicação dos conceitos fundamentais

concebidos pelo pesquisador. A obra apresenta extensa descrição das etapas do desenvolvimento da inteligência.

GAYOTTO, M. L. C. et al. **Líder de mudança e grupo operativo.** Petrópolis: Vozes, 1985.

Os autores dessa obra apresentam a teoria e a técnica de grupos operativos de Pichon-Rivière. Essa técnica é usada como ferramenta social na creche Menino Jesus da Vila Dalva, em Rio Pequeno (São Paulo), mostrada no livro por meio de ilustrações e exemplos que facilitam a compreensão dos conceitos da teoria em uma prática social.

KORCZAK, J. **Quando eu voltar a ser criança.** São Paulo: Summus, 1981.

Escrito pelo polonês Janusz Korczak, pseudônimo de Henryk Goldszmit, que traduz com afeto e sensibilidade o que se passa na cabeça e na alma de uma criança. É uma ficção que conta a história de um homem que, de maneira mágica, volta ao corpo de criança, mas continua sendo adulto. O livro mostra os dias alegres e tristes, as conquistas, as perdas e a submissão que o menino vive diante do mundo adulto. A narrativa leva-nos a lembrar que um dia fomos crianças e que muitas vezes devemos nos colocar no lugar delas para melhor compreendê-las e ajudá-las a viver uma infância saudável.

MANNONI, M. **A primeira entrevista em psicanálise.** Rio de Janeiro: Elsevier, 2004.

Essa obra apresenta a experiência de uma psicanalista diante dos mais variados problemas levados a sua clínica, os quais envolvem a família, a escola e a sociedade. Por meio da leitura, você se aproximará do repertório e da escuta psicanalítica, além de integrar os pressupostos da psicanálise às questões da dificuldade de aprendizagem.

MENDES, G. M. S. **O desejo de conhecer e o conhecer do desejo**: mitos de quem ensina e de quem aprende. Porto Alegre: Artes Médicas, 2000.

Glória Maria Siqueira Mendes traz para reflexão dos leitores as relações entre o aprender e o ensinar em vários contextos da educação escolar e da relação professor-aluno. O livro suscita pensamentos sobre o que é indisciplina, dificuldade de aprendizagem, família e sociedade e qual é o papel da escola.

MORIN, E. **A cabeça bem-feita**: repensar a reforma, reformar o pensamento. 8. ed. Rio de Janeiro: Bertrand Brasil, 2003.

Edgar Morin nos brinda com essa obra que traz a proposta da reforma do pensamento para reformar o ensino e a reforma do ensino para reformar o pensamento. O autor dirige o livro a todos os professores e alunos, convencido da necessidade de uma reforma do pensamento, e defende um ensino que nos auxilie a compreender a condição humana. No decorrer da obra, Morin ressalta as problemáticas da superespecialização, do conhecimento e da fragmentação do saber provocadas pela especialização e pela multidisciplinaridade das ciências. O autor busca demonstrar que o ensino pode contemplar a solução dos problemas da humanidade. Para ele, "a educação pode ajudar a nos tornarmos melhores, se não mais felizes, e nos ensinar a assumir a parte prosaica e viver a parte poética de nossas vidas".

OLIVEIRA, V. B. de; BOSSA, N. A. (Org.). **Avaliação psicopedagógica da criança de sete a onze anos**. Petrópolis: Vozes, 1996.

Essa obra, de maneira pontual e competente, procura auxiliar o profissional que atende crianças de 7 a 11 anos, trazendo reflexões sobre questões de linguagem, autonomia, motivação e estruturação lógica. Cada capítulo é escrito por um especialista e abrange determinados aspectos do desenvolvimento dessa faixa etária.

OLIVEIRA, V. B. de; BOSSA, N. A. (Org.). **Avaliação psicopedagógica da criança de zero a seis anos**. Petrópolis: Vozes, 1996.

O livro traz conteúdos bem fundamentados, escritos por oito autoras que versam sobre questões importantes do desenvolvimento psicomotor, cognitivo e emocional da criança de zero a seis anos. Com base em um olhar psicopedagógico, elas oferecem subsídios para um diagnóstico precoce e preventivo.

OLIVEIRA, V. B. de; BOSSA, N. A. (Org.). **Avaliação psicopedagógica do adolescente**. 14. ed. Petrópolis: Vozes, 2013.

Essa obra dá prosseguimento aos trabalhos já recomendados anteriormente. No desenvolvimento do assunto, os autores procuraram caracterizar a fase da adolescência e oferecer ferramentas para a avaliação psicopedagógica dessa faixa etária, apresentando procedimentos e técnicas de diagnóstico e intervenção.

POLITY, E. **Dificuldade de aprendizagem e família**: construindo novas narrativas. São Paulo: Vetor, 2001.

A autora oferece ao leitor a oportunidade de refletir sobre a família e as dificuldades de aprendizagem. Quando uma criança apresenta problemas de aprendizagem, a intenção dos pais é resolvê-los em meio à frustração e à culpa. Dessa forma, a obra procura ajudar a compreender até que ponto a existência do problema da aprendizagem está vinculado a relações familiares, institucionais e sociais.

VELLOSO, M. A. F.; MEIRELLES, M. M. **Seguir a aventura com Enrique José Pichon-Rivière**: uma biografia. São Paulo: Casa do Psicólogo, 2008.

Trata-se de leitura imprescindível para quem quer conhecer mais de perto as ideias e a história de Pichon-Rivière. A biografia, além de contar a vida desse pensador, oferece dados importantes sobre as bases teóricas da teoria de grupos operativos.

VISCA, J. **Clínica psicopedagogica**: epistemologia convergente. Buenos Aires: Titakys, 1994.

Jorge Visca traz, de maneira clara e didática, os aspectos teóricos e práticos da teoria da epistemologia convergente. Sugerimos que a leitura seja feita em espanhol, pois assim você poderá ficar mais próximo das ideias do autor.

VISCA, J. P. L.; VISCA, F. **El esquema evolutivo del aprendizaje**. Edição do autor. Buenos Aires: Titakis, 1999.

Nesse livro, Visca teoriza e ilustra, com fotos feitas pela sua filha Florencia Visca, o esquema evolutivo da aprendizagem. É uma obra de fácil leitura, que utiliza imagens lindíssimas que ajudam a compreender com profundidade as ideias do autor sobre esse tema.

Respostas

Capítulo 1

Atividades de autoavaliação

1) c
2) e
3) b
4) d
5) a

Atividades de aprendizagem

Questões para reflexão

1) É necessário mencionar que, para acontecer uma aprendizagem, é preciso haver a inter-relação das três dimensões que integram o ser humano: a cognição, a afetividade e a socialização.
2) São exemplos:
   I. A professora deu nota baixa a um aluno porque não gosta dele – estrutura paranoide.
   II. O sujeito prefere viajar de ônibus por 2.000 km porque tem medo de avião – estrutura evitativa.
   III. Um estudante arruma os lápis de cor no estojo, um a um, à medida que os utiliza para pintar ou colorir um desenho – estrutura ritualista.
4) O intuito é que você, por exemplo, elabore um memorial que relate as situações agradáveis e frustrantes no processo de aprendizagem – a leitura do primeiro livro, os "castigos", as decepções, o medo de apresentar oralmente trabalhos etc.

Capítulo 2
Atividades de autoavaliação
1) d
2) b
3) c
4) b
5) e

Atividades de aprendizagem

Questões para reflexão
1) Liste os principais conceitos de cada teoria, tentando relacioná-los entre si.
2) Procure mencionar os pontos de vista de autores que se dedicam ou se dedicaram ao estudo das teorias apresentadas.
3) Tente mencionar que esta frase retrata o mecanismo de defesa da projeção.

Capítulo 3
Atividades de autoavaliação
1) c
2) a
3) d
4) e
5) b

Atividades de aprendizagem

Questões para reflexão
1) Faça um relato pessoal, por exemplo, associado aos conceitos de cognição, emoção e meio social.
2) Aqui você poderá mencionar: o medo de dirigir, de casar, de se divorciar, de prestar vestibular, de assinar um contrato de compra de imóveis; o dia de uma prova final; ou ainda o momento

em que, após analisar uma questão em concurso, você sentiu que "deu branco".
3) Descreva situações em que ocorreram problemas de aprendizagem e tente localizar as razões objetivas e subjetivas para isso, sinalizando de qual obstáculo as dificuldades faziam parte.

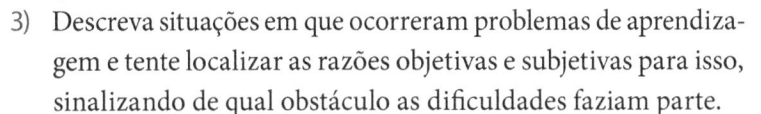

Capítulo 4
Atividades de autoavaliação
1) b
2) c
3) a
4) c
5) d

Atividades de aprendizagem

Questões para reflexão
1) A ponta do iceberg representa os sintomas, e aquilo que fica submerso relaciona-se aos obstáculos de aprendizagem (as demais etiologias).
2) Listar frases como "aquele aluno agride seus colegas, ele é muito agressivo" – "agride ou agressivo" revelam um sintoma que indica obstáculo epistemofílico.
3) Mencionar que se trata da intervenção do tipo assinalamento.

Capítulo 5
Atividades de autoavaliação
1) d
2) a
3) c
4) b
5) e

Atividades de aprendizagem

Questões para reflexão

1) Pesquise doenças genéticas que podem comprometer o desenvolvimento das pessoas e sugira possibilidades de prevenção.
2) Conte como foi esse trabalho, tentado identificar os papéis que você desempenhou no grupo em determinados momentos.
3) Faça o levantamento de tópicos centrais sobre o capítulo estudado; há diversos elementos utilizados pelo psicopedagogo que podem ajudar o trabalho na escola.

Capítulo 6

Atividades de autoavaliação

1) a
2) c
3) b
4) e
5) d

Atividades de aprendizagem

Questões para reflexão

1) Sim, uma vez que a necessidade humana se direciona para uma vida com sentido.
2) Com tarefas *on-line*, videoconferências etc.
3) Opinião pessoal.

Sobre a autora

Loriane de Fátima Ferreira, formada no curso de Magistério pelo Instituto de Educação do Paraná (1982-1984), atuou como professora na educação infantil e no ensino de 1ª a 4ª séries nas redes particular e pública de ensino; paralelamente, cursou Estudos Adicionais na Deficiência da Audiocomunicação (1986-1987) no Instituto de Educação do Paraná. É graduada em Pedagogia (1989), pela Universidade Tuiuti do Paraná (UTP); especialista em Magistério de 1º e 2º graus (1997) e em Psicologia Transpessoal (2016), pelas Faculdades Integradas Espírita do Paraná, e em Psicopedagogia (1998), pela Pontifícia Universidade Católica do Paraná (PUCPR); e mestre em Educação (2007) pela PUCPR. Foi orientadora educacional do ensino fundamental II na rede pública do Estado do Paraná por 14 anos e há 21 anos atende em seu consultório de psicopedagogia e ministra aulas de pós-graduação em cursos relacionados à psicopedagogia e às dificuldades de aprendizagem.

Os papéis utilizados neste livro, certificados por instituições ambientais competentes, são recicláveis, provenientes de fontes renováveis e, portanto, um meio responsável e natural de informação e conhecimento.

FSC
www.fsc.org
MISTO
Papel | Apoiando o manejo florestal responsável
FSC® C103535

Impressão: Reproset
Julho/2023